The History of Corporate Governance in Japan: An Empirical Analysis

日本のコーポレート・ガバナンス史

データ分析で読み解く

川本真哉 著

中央経済社

はしがき

　本書は，データ分析の観点から，日本のコーポレート・ガバナンス（企業統治）の歴史を追跡しようというものである。

　第2次安倍政権以降のガバナンスのあり方に対する高い関心を受け，2010年代半ば以降，ガバナンスの改革を目指すいくつかの指針や法制度の改正がなされた。それ以降，ビジネスの現場では，ガバナンスの強化を通じた「稼ぐ力」の向上に心血が注がれている。

　ただし，なぜガバナンスの変化が必要なのかという「そもそもの問い」の部分に対しては，従来の制度の発生経緯や特徴（コスト，ベネフィット）を理解しておく必要があり，それを怠ると有効な施策を行うことは困難となるだろう。また，歴史的な観点から付け加えれば，戦前期の企業システムは日本で進展している株主重視の経営スタイルと共通点が多いとされている。両時期で異なる点を理解したうえで，共通の部分が戦前期においていかに作用したかを把握することは，今後の改革の方向性を占ううえでも有効と考えられる。

　ただし，筆者が知る限り，明治期から今日を通して，日本のガバナンスの展開を追っていく書籍はこれまで存在しない。今後の日本企業の進むべき道のヒントともなるような，長期視野でのガバナンスの検証があれば，これから社会に出ていく学生やビジネスマンにとって有用ではないかというのが，本書執筆のモチベーションとなっている。

　もう1つのモチベーションは，今日のEBPM（Evidence Based Policy Making：証拠に基づく政策立案）の流れである。官庁関係者のみならず，シンクタンク，ビジネスマン，学生にいたるまで，エビデンスベースでレポートを執筆し，報告することが求められている。ただ，こうしたトレンドになっている状況において（状況ゆえに），筆者はしばしばそうしたデータ分析が敬遠される場面に遭遇してきた。確かに，データ分析の実践には，確率論の理解や数学的な素養が必要となるため，その理由も十分理解できる。

　もっとも，本書をご覧いただければ，第三者が出した分析結果を解釈するのには，いくつかのポイントさえ押さえれば，それほど難しいものではないことがわかっていただけるものと思う。現時点では実証分析になじみのない歴史分野の研究者，学生にとっても，本書を通読していただくことで，格段に検討の対象となる研究成果の幅は広がり，さらに自らの手で実証分析を試みる足掛かりになるであろう。

＊　＊　＊

　以上のような経緯から，データ分析とコーポレートガバナンスの歴史を組み合わせると，それまでにないタイプの成果になるのではないかと構想したのが，2021年秋頃であった。そこで旧知の中央経済社学術書編集部・浜田匡氏にご相談したところ，ご関心をお持ちいただき，企画実現にご奔走いただいた。

　ただ，現状認識と見通しが甘い性格がわざわいして，実際に執筆を始めると，さまざまな問題，制約があることがわかった。その第1は，データ分析のコツをいかに伝えるかという点である。限られた紙幅で，かつデータ分析になじみがない（むしろ苦手意識を持っている）読者に，わかりやすく解説するために，ポイントの取捨選択に苦心した。また，統計学に関する学術的厳密性についても，捨てざるを得なかった部分もある。自身の能力不足を痛感するとともに，専門家の先生方のご評価を待ちたい。

　第2に，ガバナンスの歴史の部分の執筆でも能力，作業，時間の制約は重くのしかかった。特に，財閥史研究の蓄積は圧倒的であり，本書の一部分でその全体をカバーしきれるものではないと途方に暮れた。そこで，財閥史研究を，今日注目を集めているグループ経営とファミリービジネスの観点から捉えなおし，新規性を出そうと図った。この試みが成功しているかも，読者諸氏のご意見を頂戴したいと考えている。

　そのほか，戦前期におけるホワイトカラーの台頭，スペイン風邪の流行など，今日の企業経営へインプリケーションを与えると思われるトピックを十分に扱えなかったことも心残りとなっている。この点については，今後の課題としたい。

　本書の執筆の過程では，河西卓弥氏（熊本県立大学）からデータ分析に関する貴重なご助言を賜った。また，懇切丁寧なコメントと，徹底した校正をして

いただいた浜田氏の存在なくして，本書は世に出ることはなかった。お二人を
はじめ，関係各位に厚くお礼申し上げる。

　2022年6月

川本　真哉

CONTENTS

第3章 会社制度と株主主権 57

第4章 財閥：ファミリービジネスと持株会社 79

序章 本書の目的

Summary

　コーポレート・ガバナンスに対する関心の高まりと，PC・統計ソフトウェアの発展・普及が重なり，企業行動の歴史分析をデータ分析を用いて行う研究成果が増えてきている。データ分析を行う目的は何なのであろうか。また，ガバナンスの歴史は現代にいかなるインプリケーションを与えるのであろうか。本章では，データ分析とガバナンスの歴史研究を組み合わせる意義について確認していく。

Key Words

EBPM，cliometrics，ロバート・フォーゲル，新制度学派，アングロサクソン

1 新しいコーポレート・ガバナンスのテキスト

　本書の目的は，日本のコーポレート・ガバナンスの発展の歴史について，データ分析の観点から理解を深めることにある。

　政府やビジネスの現場における EBPM（Evidence Based Policy Making：証拠に基づく政策立案）[1]の重視に象徴されるように，今日，官庁やシンクタンクのレポート，学術論文においてデータ分析の利用をみない日はない。デー

1　EBPM とは「政策の企画をその場限りのエピソードに頼るのではなく，政策目的を明確化したうえで合理的根拠（エビデンス）に基づくものとすること」とされる。経済産業研究所「EBPMセンターを創設：日本における EBPM の中核的政策研究機関へ」〈https://www.rieti.go.jp/jp/about/activities/22040101/〉。

タ分析のメカニズムを正しく理解し，そこから得られた結果を自身の知識として吸収することは，一部の研究者のみならず，ビジネスマン，そしてこれから社会に出ていく学生にとって必須のスキルとなっている。また，近年，ガバナンスのあり方に大きな関心が寄せられているが，アクティビスト，持株会社，M&A，ファミリービジネスなどの活動が顕著であった，戦前日本企業の経験は，現代を生きる私たちにとって示唆に富むものであろう。

　本書は，データ分析の基本的な考え方，分析結果の解釈方法などを平易に解説したうえで，日本のガバナンスの発展の軌跡から知見を得ることを目的とした，「新しいコーポレート・ガバナンス」のテキストともいえる。

2　歴史データと統計分析の接近

　データ分析を活用する試みは，これまで社会科学の分野でなかったわけではない。むしろ活発になされてきた。特に，地域のマクロデータ（所得，物価，貨幣，人口など）に関する資史料から得られる数値データの変化を観察する手法は，計量経済学（econometrics）とギリシャ神話の歴史の女神（clio）を組み合わせて，"cliometrics"（数量経済史）と呼ばれる。

　この分野の嚆矢となったのは，ロバート・フォーゲル（1993年ノーベル経済学賞，1926-2013）の業績である。Fogel（1964）では，もしアメリカに鉄道がなく，輸送が水運で代替されていたらという「反実仮想（counterfactual assumption）」を立て，19世紀アメリカの運河利用の商品量，船着場までの費用，水運料金を調査し推計を行っている。その結果，鉄道は経済成長に寄与したが，不可欠とまではいいがたく，それがなくともアメリカ経済の仕組みは根本的に異なったものにならなかったと結論づけている。当時，経済発展にとって鉄道業は不可欠という固定観念があったため，フォーゲルの調査は「偶像破壊」とまで表現され，論争となった。ときとして，歴史研究が常識を打ち砕く力を持つという好例である[2]。

　1960年代には，日本でも大川一司教授らのグループによる『長期経済統計』の刊行が始まった。同統計は「近代日本経済の歴史統計を，経済活動の諸分野

にわたって推計，加工などもして体系的に集成した一連の統計書」[3]であり，国民所得，物価，財政，金融，労働など14冊から構成される。これらのデータはその後電子化され，一橋大学経済研究所ウェブでも取得可能となっている。また，前近代期については，1971年に数量的アプローチを主とする経済史研究者が「数量経済史研究会」を立ち上げ，地域データを駆使した人口，生産，消費，所得，貨幣，賃金，物価といった動向についての精力的な推計を開始した[4]。

　このようにマクロの分野からスタートした数量経済史研究であったが，近年では統計ソフトウェアやパーソナルコンピューターの普及・機能高度化により，大量データが扱えるようになったため，企業や個人の歴史的なマイクロデータ（個票）を用いた分析も活発化している。そのパイオニアは岡崎哲二氏（東京大学）であり，歴史制度分析のフレームワークに基づき，ゲーム理論や計量経済学の手法を駆使し，過去の経済主体のコーディネーションやモチベーション，それによるパフォーマンスへの効果を分析している。以降，同氏らの成果に刺激され，経済史・経営史研究でも個人や企業データを収集・加工し，戦前期における多角化のパフォーマンスに与える効果，財閥系企業の経営成果，M&Aの動機，従業員昇進の要因などについて検証した研究が多数公表されている（**表序−1**）。国立国会図書館による電子資料の公開など，過去のマイクロデータへのアクセスの容易化[5]，テクニックの洗練化，計量経済学に関する教育の充実化などにより，この動きは今後ますます加速していくものと思われる。

3　コーポレート・ガバナンスへの関心の高まり

　もう1つ，ビジネスの現場で関心を集めているトピックがある。それはコーポ

2　また，Fogele and Engerman（1974）では奴隷制度の生産性を検証し，1860年代の南部の奴隷制農場の生産性は北部よりも高かったことを確かめた。その理由として，①余剰労働力が出ないような作物の組み合わせ，②能力に適した奴隷配分，③労働組織の設計，④インセンティブ付与が挙げられており，これも議論を呼んだ。同研究については，岡崎（2016）で紹介されている。

3　一橋大学経済研究所「長期経済統計（LTES）データベースについて」〈https://rcisss.ier.hit-u.ac.jp/Japanese/database/long.html〉。

4　日本における数量経済史研究の発展については，中村ほか（2021）が詳しい。

5　「国立国会図書館デジタルコレクション」〈https://dl.ndl.go.jp/〉。

表序 - 1 ┃ 回帰分析を用いた企業史研究の一例

著者	発表年	タイトル	雑誌・書籍名	巻号 / 出版社
Frankl, J. L.	1999	An Analysis of Japanese Corporate Structure, 1915-1937	Journal of Economic History	59(4)
岡崎哲二	1999	持株会社の歴史：財閥と企業統治		ちくま書房
横山和輝	2001	1930年代日本企業の役員賞与決定メカニズム	経済学論集	67(3)
Konishi, M.	2002	Bond Underwriting by Banks and Conflict of Interest: Evidence from Japna during the Pre-war Period	Journal of Banking & Finance	26
岡崎哲二・澤田充	2003	銀行統合と金融システムの安定性：戦前期日本のケース	社会経済史学	69(3)
岡崎哲二	2004	戦前日本における専門経営者雇用の決定要因と効果：綿紡績会社を中心として	一橋ビジネスレビュー	52(2)
宮島英昭	2004	産業政策と企業統治：日本経済発展のミクロ分析		有斐閣
青地正史	2005	戦時期における日本企業のゴーイング・コンサーン化：非財閥系企業を中心に	富大経済論集	50(3)
Okazaki, T., M. Sawada and K. Yokoyama	2005	Measuring the Extent and Implications of Director Interlocking in the Prewar Japanese Banking Industry	Journal of Economic History	63(4)
岡崎哲二・浜尾泰・星岳雄	2005	戦前日本における資本市場の生成と発展：東京株式取引所への株式上場を中心として	経済研究	56(1)
横山和輝	2005	1927年昭和金融恐慌下の銀行休業要因	日本経済研究	51
川本真哉	2006	兼任役員と戦前日本企業(2)：非財閥系企業の実証分析	経済論叢	178(1)
小野武美	2008	株式会社の所有構造と減価償却行動：戦前期わが国企業の計量分析	東京経大学会誌	258
宮島英昭・尾身裕介・川本真哉・齊藤直	2008	20世紀日本企業のパフォーマンスと所有構造	宮島英昭編『企業統治分析のフロンティア』第11章	日本評論社
川本真哉・宮島英昭	2008	戦前期日本における企業統治の有効性：経営者交代メカニズムからのアプローチ	宮島英昭編『企業統治分析のフロンティア』第12章	日本評論社
南條隆・粕谷誠	2009	株式分割払込制度と企業金融，設備投資の関係について：1930年代初において株式追加払込が果たした役割を中心に	金融研究	28(1)
南條隆・橘川武郎	2009	戦間期日本企業の資金調達，資本コスト，資本構成：最適資本構成理論からみた1930年代における企業財務	金融研究	28(2)
川本真哉	2009	20世紀日本における内部昇進型経営者：その概観と登用要因	企業研究	15
結城武延	2011	企業統治における株主総会の役割：大阪紡績会社の事例	経営史学	46(3)
結城武延	2012	資本市場と企業統治：近代日本の綿紡績企業における成長戦略	社会経済史学	78(3)
Franks, J., C. Mayer and H. Miyajima	2014	The Ownership of Japanese Corporation in the 20th Century	Review of Financial Studies	27(9)
宝利ひとみ	2015	戦前日本における兼営織布の生産性と経営上の成果	社会経済史学	80(4)
川村一真・清水泰洋・藤村聡	2015	戦前期の賃金分布：会社内・会社間比較	国民経済雑誌	211(4)
吉田幸司・岡室博之	2016	戦前期ホワイトカラーの昇進・選抜過程：三菱造船の職員データに基づく実証分析	経営史学	50(4)
粕谷誠	2020	戦前日本のユニバーサルバンク：財閥系銀行と金融市場		名古屋大学出版会
川本真哉・宮島英昭	2021	戦前日本における会社支配権市場：ターゲット企業の特徴と事後パフォーマンス	経営史学	56(1)

レート・ガバナンスの動向についてである。コーポレート・ガバナンスとは，端的にいえば，「ステークホルダーが協働して経営者に規律を与え，企業の価値を向上させる仕組み」と定義できる。戦後日本のガバナンスにおいては，株式持ち合いなどの影響により，株主の影響力は弱かったのに対し，資金調達における銀行借入への依存度は高く，ゆえにメインバンクによる経営規律が働いてきた。それが，バブル崩壊後，不良債権を抱えた銀行がその処理のため持ち合い株を売却し，その影響力を後退させた反面，市場に流出した株式を外国人投資家が購入した結果，今日，企業経営は市場からのプレッシャーにさらされている。

　さらに，安倍政権下では，2014年には「スチュワードシップ・コード」，2015年には「コーポレートガバナンス・コード」が相次いで打ち出され，ガバナンスの強化を通じた企業の「稼ぐ力」の向上が目指されている。（その是非は別として）ここ20年で，株主による企業経営への影響力は確実に増してきた。

　こうした株主影響力の高まりにあわせて，関心が強まったのが，戦前期のガバナンスのあり方である。1990年初頭以降から研究が進められ，戦前期のガバナンスの捉え方に大きな変化が生じた。すなわち，従来，間接金融（＝銀行借入）優位の資金調達，そして労使関係では終身雇用が日本型企業システムの明治期以降（場合によっては江戸期以降）の慣行と認識されてきたが，さまざまな調査の結果，戦前期の労働市場は流動的であり，また資金調達における直接金融（＝株式発行）の役割が高く，企業経営が株主の強い影響下に置かれていたことが明らかとなってきた。それは，アメリカ式のコーポレート・ガバナンスのあり方を念頭に，「アングロサクソン型」と呼ばれた（岡崎 1994）。ここから，株主重視が深まる日本のガバナンスの行方に対し，戦前期のシステムからインプリケーションを得ようという試みが活発化した。

　もっとも，近年の調査では，明治・大正期と戦間期（第1次大戦後から日中戦争開始までの期間）とではガバナンスのあり方に違いがあり，前者が強いアングロサクソン型の慣行を備える反面，後者の期間には「現代資本主義的」な様相（雇用の安定化，内部昇進，法人株主の台頭，銀行影響力の高まりなど）が付け加わっていったことが確認されている（経済史・経営史研究における時期区分については，**図序－1**参照）。そのため，今日のガバナンスのあり方に対し，歴史からインプリケーションを引き出すにしても，これら両時点は分け

図序 - 1 | 経済史における時期区分

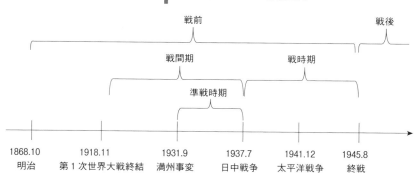

出所：筆者作成。

て議論がされるべきであろう。また，「アングロサクソン型」のシステムに「現代資本主義的」な要素が表れ始めた理由について知ることで，戦後型ガバナンスの固有の特徴が明確となり，それは自国の強みを意識して今後のガバナンス改革を行っていくうえでも有意義であろう。

4　本書の特色

　本書の特色の第1は，戦前期を中心として，20世紀日本企業のコーポレート・ガバナンスの進化と変容を長期観察している点にある。特に，個々の時代の特徴，それが企業成長に与えたコスト・ベネフィット，そして，次の時代の特徴へと変化していった背景について解説している。本書を通読することで，日本企業のガバナンスの歴史を一望することが可能となろう。

　特色の第2は，データ分析の観点から上記ガバナンスの変化を追跡している点である。上述のように，これまで，経済史の分野には，特にマクロの側面から積極的にデータ分析が取り入れられてきた。その一方で，経営史・企業史やデータ分析を扱う書籍は豊富に存在するが，これらを融合させて包括的に扱った書籍は，筆者が知るところ存在しない。そのため近年，経営史分野ではデータ分析を用いた研究の蓄積が進んでいるが，その成果の社会的な還元は，デー

分析の理解に対する心理的ハードルが存在するためか，なかなか進んでいない。

　本書では，まずデータ分析のポイントについて平易に解説する。そして，それが適切に理解できているかをトレーニングする場として，「実証経営史」とも呼ぶべき，過去の企業データを用いたデータ分析に関する研究成果を活用する。このような意味で，本書は，コーポレート・ガバナンスの観点から日本企業の発展に関し，データ分析を駆使して迫った「数量経営史（企業史）」初のテキストとして位置づけられる。本書を読み進めることで，日本のガバナンスの歴史を題材に，データ分析から得られた結果を正しく解釈するスキルが身につくであろう。

5　本書の構成

　本書は以下のように構成される。**第1章**では，本書で用いられるデータ分析の基本ツールを平易に解説する。具体的には，基本統計量，回帰分析（最小二乗法），応用トピック（ダミー変数，交差項，対数変換，プロビットモデル）から構成される。これらのトピックを把握することで，データ分析を用いた企業史研究のみならず，現代の企業行動を扱った実証分析までも理解が促されるであろう。

　第2章では，戦前日本企業のコーポレート・ガバナンスの特質をよりクリアーに浮かび上がらせるため，戦後のガバナンス構造の特徴を解説する。この対比を行うことで，次章以降に展開される戦前日本のガバナンスの特徴のいかなる部分が特異で，どのような部分が戦後と共通しているかが理解できよう。

　第3章では，明治期以降の株式会社制度の導入過程の検討を通じ，出資者と会社のあり方について考察する。そこでは株式会社制度の導入がスムーズに進まず混乱がみられたことと，出資のあり方と法制度に起因して株主の権限が強くなったことが示される。そして，強い株主主権のあり方が企業経営へ与えた影響についての実証分析を紹介する。

　第4章では，三井，三菱，住友の3大財閥系企業のガバナンス構造について，これまでの研究成果と新たに構築されたデータセットに基づいて確認していく。財閥系企業のガバナンスはいかなる構造を有し，それらのアドバンテージはど

こに求められるのであろうか。また，実際，それらグループに属するパフォーマンスは優れていたのであろうか。これらの点について確かめていく。

　第5章では，戦前期大企業において専門経営者が登用されていった要因についてみていく。当初，出資者の立場で取締役の地位を占めた株主は，どのような理由によって専門経営者にそのポストを譲っていったのであろうか。新たに登用された専門経営者は，どのような出自を持つ人々であったのであろうか。独自に構築された20世紀主要企業の経営者データセットを用いて，これらの点について明らかにする。

　第6章では，戦前期における銀行の役割について，1927年に発生した金融恐慌を舞台に考察する。当時の銀行は，融資先企業に対し arm's length（距離を置いた関係）を取るか，逆に事業会社の従属的地位に置かれるかで，十分なモニタリング機能を果たさなかった。それはなぜか。そして，それはいかなるメカニズムで金融パニックの引き金となったのか。当時の銀行破綻の原因に関して，銀行・企業間関係の観点から確認していく。

　第7章は，1920年代と1930年代の会社支配権市場の機能に焦点があてられる。具体的には，M&A（Mergers and Acquisitions：企業の合併と買収）の推移，形態，発生業種などが明らかにされる。そのうえで，当時の会社支配権市場が有効であったか否かを確認するために，M&A の発生確率と，買収後のパフォーマンスの変化についての実証分析をみていく。

　第8章は，戦間期における，ガバナンスの変化の状況についてみていく。この期間には，株式の所有構造，取締役会の構成に変化が起こり，それまでの株主重視の経営スタイルに修正が加えられた。この実態に対し，第5章のデータセットを拡張し，資本構成，所有構造，利益処分の推移から迫っていく。

　第9章では，戦前から戦時期の変化，その戦後への連続性，断続性について，経済史，経営史研究にとってエポックとなった，いわゆる「戦時源流論」を中心に再検証する。

　以上の検証を参考に，多くの方々がデータ分析を用いた歴史研究についての理解を含め，さらには実際にレポート，論文作成などで活用されることを願っている。

第 1 章

データ分析のポイント：
分析結果の読み方

Summary

　本章では，データ分析による分析結果の読み方についてのポイントを解説する。具体的には，まず戦前期の財務データを事例にして，基本統計量と回帰分析（最小二乗法）の結果の読み方についてみていく。ついで，ダミー変数と対数変換の考え方，多重共線性，不均一分散，異常値の対処方法について扱う。さらに，プロビットモデル・ロジットモデルを用いた分析結果の解釈方法について説明する。

Key Words

標準偏差，最小二乗法，ダミー変数，自然対数，ダミー変数，多重共線性，不均一分散，プロビットモデル，ロジットモデル

1　データ分析のすすめ

　データ分析や回帰分析といわれると，専門的でとっつきにくい印象を持つ方も多いかもしれない。確かに，それを実践するとなると，サンプルの収集と加工，モデルと仮説の設定，手法の理解・選択，アウトプットの解釈（場合によってはデータセットの加工からやり直し）など，一連の経験と知識の蓄積が求められる。さらに，分析結果を公表して評価が受けられるまでのレベルに達するのには，ある程度の年月を要する。

　ただし，第三者が出したアウトプットを解釈するのには，ポイントを押さえておくだけで十分である。これを入り口として，分析手法について理解を深め，

ひいては自身でのデータの収集と分析につなげていくことも可能であろう。あまり構えず，気軽に先行研究のアウトプットの理解から始め，可能ならばデータを集め，オペレーションにもチャレンジしてほしい。

　そこで本章では，これから本書で紹介していくコーポレート・ガバナンスの歴史を題材としたデータ分析の推計結果について，その解釈仕方を解説していく。具体的には，データの基本的な特徴を表す「基本統計量」，データの因果関係（要因 X が結果 Y に与える影響）を捉える回帰分析（最小二乗法），回帰分析でよく使われる応用テクニック（ダミー変数と対数変換の考え方，多重共線性や異常値への対処など）を中心にみていく。紙幅が限られているため，確率論の背景や数式展開は他著に譲る。可能な限り，「直感的」な解説を心がける。それでも，本章のトピックを理解するだけで，（過去の事象に限らず現在の事象を扱った分析も含め）読者の検討対象となる文献の幅は格段に増えるだろう。

2　基本統計量

　回帰分析とは，簡単にいえば，原因 X（これを「説明変数」，あるいは「独立変数」という）が結果 Y（これを「被説明変数」，あるいは「従属変数」という）に対し，いかなる影響を与えるかを観察する手法を指す。説明変数が1つの場合は，「単回帰分析」，複数の場合は「重回帰分析」となる。ここでは実際に，戦前期の企業財務データを用いて，役員賞与の決定要因について調べてみよう。用いる変数は，1936年の役員賞与，ROE（当期利益金／自己資本），配当，総資産とする。役員賞与が被説明変数で，ROE，配当，総資産が説明変数である。パフォーマンスと配当が上昇し，企業規模が大きくなると，役員賞与にどのような影響を与えたのであろうか。データは，三菱経済研究所『本邦事業成績分析』に収録されている，198社（鉱工業）の個別データを用いる。

　まず，回帰分析の結果の考察に入る前に，実証研究では利用するデータの特性に関する一般的特徴を示すことが多い。これら分析データを集計した情報のことを，「基本統計量」という。これは主に①平均値，②中央値，③標準偏差，

表1-1 ▎ 基本統計量

変数	観測数	平均値	中央値	標準偏差	最小値	最大値
役員賞与（千円）	198	92.9546	50.0000	128.3739	0.0000	578.0000
ROE（千円）	198	0.0977	0.0969	0.0556	-0.2600	0.2066
配当（千円）	198	1395.46	481.00	2497.69	0.00	16396.00
資産（千円）	198	32275.76	12472.50	52746.25	825.00	344083.00
財閥系企業ダミー	198	0.0960	0.0000	0.2953	0.0000	1.0000

注：異常値処理として，1％点と99％点で winsorize している。winsorize については26頁参照。

④最小値，⑤最大値から構成される。上記198社の基本統計量は，**表1-1**である。

①平均値は，個体の数値を足していき，その合計値を個体数で割ったものである。数式的には，下記で表現される。

$$\text{平均値} = \frac{\sum_{i=1}^{n} X_i}{n} \tag{1}$$

個体iの1からnまで足し合わせ（足し合わせることをΣで表現している），個体数nで割っている。これに関連する指標として②中央値がある。データを昇順にならべた場合の真ん中の値である[1]。平均値と中央値は，代表値と総称される。中央値と平均値の値を眺めてみて，その値の差が大きな場合，平均値が特定の個体の値によって押し上げられている（あるいは押し下げられている）可能性がある。中央値は並び順なので，両端のそうした極端な値に左右されることはない。この場合，中央値をみる方が適切であろう。

もう1つ，基本統計量で重要な指標が標準偏差である。数式的には，下記で表現される。

$$\text{標準偏差} = \frac{\sum_{i=1}^{n} (X_i - \overline{X})^2}{n-1} \tag{2}$$

$\overline{X}$ は変数のXの平均値を表す。これは各個体のXからXの平均値を引き（これを偏差という），それを二乗したものを足し合わせ（平方和という），「個体数

1　サンプルが偶数の場合，真ん中の2つの値の平均値が中央値となる。

マイナス1」で割ったものとなる[2]。これは平均からのばらつき具合を示す指標となる。この指標の興味深い法則として，正規分布の場合，各変数の平均値から±1.96×標準偏差の範囲に，データの95％が入ることが知られている。つまり，標準偏差が大きくなるほど，この95％に入る個体の分布も広がるため，そのサンプル（変数）は，ばらつきが大きいといえる。

　たとえば，役員賞与の場合，－158.66（＝92.9546－1.96×128.3739）から，344.57（＝92.9546＋1.96×128.3739）の間に，サンプルの95％が入るという計算になる。

　このほか，データの範囲として，最小値・最大値が記載されていることも多い。実際に自身で研究する際は，これら指標もチェックし，極端に小さな値（大きな値）があったら，入力ミスをしていないか確認してみよう。

3　最小二乗法

3.1　係数の解釈

　回帰分析とは，簡単にいえば，被説明変数Yと説明変数Xのプロットを描き，（できるだけ）それらプロットの中心を通る直線（これを「回帰直線」という）を引く作業をいう。役員賞与と配当の場合，被説明変数である役員賞与をY軸，説明変数である配当はX軸に置く（**図1-1**）。

　この直線を引く際，残差（＝各プロットと回帰直線の垂直距離）は小さい方が望ましい。ただし，残差は上下に振れるため，それらを単純に足し合わせるとプラスとマイナスの個体が相殺されてしまう。そこで残差を二乗して正値にして，それらを足し合わせていき，その距離が最小になるような線の引き方をする。これは，もっとも一般的で重要な回帰分析の手法であり，「最小二乗法（Ordinary Least Square: OLS）」と呼ばれる。実際に，被説明変数に役員賞与，説明変数にROE，配当，総資産を設定して，OLSを行ったのが下記の推計結果である。結果は，(3)式のような形で表される（カッコ内の数値の意味は次項

2　母集団（対象事象全体）ではなく，母集団から抽出したサンプル（標本）の場合，標本標準偏差を作成することで，情報が1つ減ると考え，個体数から1を引いた値で割るのが一般的である。

図1-1 役員賞与と配当の関係

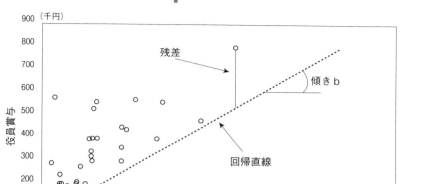

で解説する）。

　「観測数」（サンプルサイズ[3]，あるいは "N"，"Obs." とも表記）は198となっている。次に，補正 R^2（「自由度修正済み R^2」，"Adj. R^2" とも表記）は，推計式全体の当てはまり（＝推計式の精度）を表す。具体的には，挿入された説明変数で被説明変数の動きを何％説明しているのかを意味する。ここでは，0.4842となっているので，挿入された ROE，配当，総資産の3つの説明変数で役員賞与の動きの48.42％を捉えているとなる。推計の精度はまずまずといっ

---

　3 「サンプル数」と書かれていることもあるが，それでは個体数の集まり（サンプル）が複数あることになってしまうので，表記としては適切ではない。

たところであろう。

　つぎに注目すべきは，係数（coefficient）である（図1-1では，傾きbに該当する。「パラメーター」の推定値ともいう）。これは，その説明変数が1単位だけ増加したときに，被説明変数が何単位増加するか（あるいは，減少するか）を表す。たとえば，配当の係数は0.0366となっているので，配当が1単位（千円）増加すると，役員賞与は37円増加するとなる。一方，ROEは自己資本に対する利益の比率であるので（100をかけていない），ROEが1％（＝0.01）増加すると，役員賞与は2,908円（＝290.7920/100）だけ増加することとなる。なお，定数項（constant）の係数は，すべての説明変数がゼロのときの被説明変数の値となる。これは図1-1では切片に相当し，ROE，配当，総資産がゼロのとき，役員賞与は1万7,109円ということになる[4]。

3.2　仮説検定

　また，係数が得られても，被説明変数に影響を与えているとは限らない。なぜなら，現実のデータを扱っているために，係数には推定誤差（これを「標準誤差」という）が存在し，それが大きいと推定結果の信用性も乏しくなるからである（山本 2015）。ただし，変数の係数が大きくなると，標準誤差も大きくなる傾向にあるため，標準誤差の値それ自体からは係数の信頼度をチェックすることはできない。このときに注目するのがt値である。t値は，係数を標準誤差で割った値である。この値が大きくなるほど，係数に比べ誤差が小さいということなので，その係数は信頼できるということになる。では，t値はどの程度大きかったらよいのであろうか。サンプルサイズがある程度確保できている場合，慣例的に絶対値でみて1.6から2.0より大きくなると，その説明変数は「統計的に有意」と表現され，被説明変数に（プラスかマイナスかで）影響を与えていると判断される[5]。

4　総資産がゼロというサンプルに存在しない数値をあてはめているので（これを「外挿」という），こうしたありえない数値となっている。
5　厳密には，サンプルサイズと説明変数の数によって，同じt値でも有意水準は異なってくるので，下記のp値をチェックに用いる方が直接的である。

表1-2　p値の早見表

p値の範囲	有意／非有意	表現例
p値≧0.10	非有意	X（説明変数）はY（被説明変数）に統計的に有意な影響を与えていない。
0.10＞p値≧0.05	有意	XはYに10%水準で統計的に有意な影響を与えている。
0.05＞p値≧0.01	有意	XはYに5%水準で統計的に有意な影響を与えている。
0.01＞p値	有意	XはYに1%水準で統計的に有意な影響を与えている。

注：1%，5%のみを有意とする研究もある。

$$t値 = \frac{係数}{標準誤差} \tag{4}$$

　わかりやすくいえば，t値は「その係数がどれほどゼロと異なるか」の水準を表している。このt値から「その係数がゼロである確率」を導き出したものがp値である。これは小さくなればなるほど，「その係数はゼロである確率は低くなる」と解釈できる。つまり，「係数がゼロと異なる」ため，「その説明変数は（プラスかマイナスかで）被説明変数に影響を与えている」と判断できるというわけである。こうした説明変数の「係数がゼロである」という仮説（帰無仮説）を置いて，それを棄却できたら「係数はゼロではない」という仮説（対立仮説）を受け入れるという考え方を「仮説検定」という。

　p値は，両側水準10%未満（係数が5%未満でゼロと異なりマイナスの値をとる確率と，係数が5%未満でゼロと異なりプラスの値をとる確率を合わせたもの）で統計的に「有意」と解釈され，10%未満5%以上で「10%水準で有意」，5%未満1%以上で「5%水準で有意」，1%未満で「1%水準で有意」となり，p値が低いほど統計的な信頼度は高くなる（**表1-2**）。なお，推定結果におけるp値の表記は，p値それ自体（パターン(a)）を記載する方法と，有意水準にあわせてアスタリスクを表記する方法（パターン(b)）とがある（**表1-3**）。たとえば，配当のp値は0.001（＝0.1%）であり，1%未満で，アスタリスクも3つついているので，1%水準で統計的に有意と解釈できる。配当が増加すると役員賞与も増加すると統計的に判断でき，かつその信頼度は高い。

　係数のp値チェックに関連するものとして，F値がある。これは推計モデル自体に意味があるのかを示す指標である。F値が大きくなるにつれ，それに関

表1-3 ┃ 推計結果のまとめ方(2)：パターンⓐ

	係数	p 値
ROE	290.7920	0.002
	(92.7596)	
配当 ❶→	0.0366	0.001
	(0.0104)	
資産	−0.0001	0.790
	(0.0004)	
定数項	17.1090	0.134
	(11.3829)	
観測数	198	
F 値 ❷→	14.7932	0.0000
補正 R^2 ❸→	0.4842	

注：上段は係数を，下段括弧内は不均一分散に頑健な標準誤差を示す。

パターンⓑ

	(1)
ROE	290.7920***
	(92.7596)
配当 ❹→	0.0366***
	(0.0104)
資産	−0.0001
	(0.0004)
定数項	17.1090
	(11.3829)
観測数	198
F 値	14.7932***
補正 R^2	0.4842

注1：***，**，* はそれぞれ1％，5％，10％水準で有意であることを表す。←❹
注2：上段は係数を，下段括弧内は不均一分散に頑健な標準誤差を示す。

❶・p 値は0.1％（0.001×100）で，1％よりも小さいので，「1％水準で統計的に有意」となる。
　・配当が1単位（百万円）上がると，役員賞与は37円増加する。
❷・「すべての説明変数の係数がゼロである」という仮説を検定している。
　・p 値は0％なので，上記仮説は棄却される（少なくとも1つの説明変数の係数はゼロではない）
❸　挿入された3つの変数（ROE，配当，総資産）で役員賞与の動きの48.42％を捉えている。
❹　有意水準を＊（アスタリスク）の数で表すことも多い。

するp値は小さくなり，ある水準より小さくなると（両側確率10％未満），挿入された説明変数の少なくとも1つは有意（被説明変数に影響を与えている）となっていると判断でき，このモデルには意味があるといえる。逆にF値が小さく，それを読み替えたp値が一定水準より大きくなると（ここでは両側確率10％以上），そのモデルにおいては，挿入されたすべての説明変数の係数がすべてゼロという仮説を棄却できないとなる（端的にいうと，そのモデルには意味がない）。いまF値に関するp値は1％水準で有意となっているので，説明変数のいずれかが統計的に役員賞与に影響を与えていると判断できる。

3.3　平均値の差の検定

　話が前後するが，回帰分析を行う前の簡単なチェックとして，グループ間の変数の平均値に差があるかをチェックすることがある。これを「平均値の差の検定（t検定）」という。表1-4には，財閥系企業[6]と非財閥系企業とで分割した検定結果を掲載している。このとき，財閥系企業の2時点間の比較の場合，「対応のある2サンプルのt検定」を採用する。一方で，1時点で財閥系企業と非財閥系業との値を比較する場合，「対応のない2サンプルのt検定」を採用する。さらに，後者は，2つのグループで分散に違いがある場合とない場合（「等分散を仮定する」，「等分散を仮定しない」）に分かれる。通常，「等分散を仮定しない」を採用する。同表でも財閥系企業と非財閥系企業との比較なので，「対応のない2サンプルのt検定で，かつ等分散を仮定しない」方法で検定を

表1-4 ┃ 財閥系企業と非財閥系企業との平均値の差の検定（t検定）

変数	財閥系企業			非財閥系企業			平均値の差 (a)−(b)	p値
	観測数	(a)平均値	標準偏差	観測数	(b)平均値	標準偏差		
役員賞与	19	182.37	148.50	179	83.46	122.74	98.90	0.00
ROE	19	0.13	0.03	179	0.09	0.06	0.03	0.01
配当	19	2449.32	2156.01	179	1283.59	2510.61	1165.72	0.05
総資産	19	55823.95	54577.75	179	29776.23	52081.16	26047.72	0.04

- p値は0.1％（0.001×100）で，1％よりも小さいので，「1％水準で統計的に有意」となる。
- 財閥系企業の役員賞与は非財閥系企業よりも9万8900円高いと判断できる。

6　三井・三菱・住友の三大財閥系企業（傍系含む）を指す。

行っている。検定の結果，役員賞与の財閥系企業と非財閥系企業の差は9万8905円であり，その差は統計的に1％水準で有意となっている。

4　応用トピック

4.1　ダミー変数

　前項で使用したような，利益額のような量的な変数ではなくて，「財閥系企業か否か」のような質的な変数を説明変数として使用したい場合がある。このような「1の値を取る場合は財閥系企業」，「0の値を取る場合は非財閥系企業」と分けられる変数を「ダミー変数」という。財閥系企業ダミーを追加で挿入した結果は**表1-5**となる。同ダミーは，5％水準で統計的に有意であり，係数は52.1576となっている。これはベースとした（＝ゼロとした）非財閥系企業に比べ，財閥系企業の役員賞与は5万2158円だけ高いということになる（列(1)）。ちなみに，非財閥系企業の役員賞与は，財閥系企業をゼロと設定した場合なので，定数項の値となる（つまり，1万7924円）。これらの関係を図示したものが，**図1-2**となる。切片の高低でダミー（グループ）の水準差を表しているので，これを「切片ダミー」という。

　では，カテゴリー数が3つ以上の場合は，ダミー変数はどのように設定すればよいのであろうか。たとえば，業種ごとに役員賞与の額が異なると想定して，6つの業種（繊維，輸送用機器，機械，化学，食品，金属）を設定するケースを考えてみる。このとき原則，変数を1つとして，1，2，3…と設定してはいけない（ダミー変数は0か1）。また，ダミー変数を6つ設定してはいけない。なぜなら，1つの業種はほかに設定した業種ダミーの値がすべて0になることで判定できるからである。このため，6つの業種のいずれかを，非財閥系企業をゼロとした場合と同様，ゼロと置き，ほかの5つの業種ダミーを説明変数として挿入することとなる。各業種ダミーの係数は，ベースとして設定した業種よりも役員賞与が高いか低いかを表す。

表1-5 ┃ ダミー変数の効果

	(1)	(2)
ROE	243.9391***	258.8275**
	(86.7139)	(109.3670)
配当	0.0373***	0.0366***
	(0.0096)	(0.0104)
総資産	-0.0002	-0.0002
	(0.0004)	(0.0004)
財閥系企業ダミー	52.1576**	48.2496**
	(24.8944)	(21.2249)
繊維		-6.5674
		(23.2669)
窯業		-35.1595*
		(20.8133)
化学		-34.5546*
		(19.4923)
製紙		-12.7754
		(30.3190)
機械		8.7049
		(28.6974)
勤続		-39.5231
		(49.4774)
鉱業		22.9568
		(32.0860)
定数項	17.9237*	32.8784*
	(10.8227)	(18.0423)
観測数	198	198
F 値	17.1014***	24.7614***
補正 R^2	0.4955	0.5015

財閥系企業の役員賞与は非財閥系企業よりも5万2158円高い。

化学業の役員賞与は（ベースとして設定している）食品産業よりも3万4555円低い。

注1：***, **, * はそれぞれ1％，5％，10％水準で有意であることを表す。
注2：上段は係数を，下段括弧内は不均一分散に頑健な標準誤差を示す。

> ダミー変数作成の法則＝カテゴリー数マイナス1

　ここでは食品産業をベースとして，ほかを業種ダミーとして挿入した結果が，**表1-5**の列(2)である。たとえば，化学ダミーの係数は-34.5546であり，統計的に10％水準で有意となっている。これは化学産業は食品産業よりも，（ROE

図1-2 ┃ 切片ダミーのイメージ

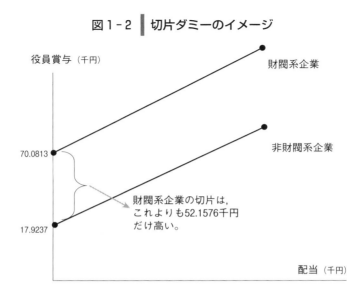

役員賞与（千円）

財閥系企業

非財閥系企業

70.0813

財閥系企業の切片は、
これよりも52.1576千円
だけ高い。

17.9237

配当（千円）

や資産などほかの説明変数が同水準であると条件づけたうえで）役員賞与が3万4555円だけ低いということを意味する[7]。

4.2　多重共線性（multi-colinearlity）

　回帰分析の結果が報告される際，説明変数のすべてが同時に挿入されるのではなく，さまざまな組み合わせの結果が記載されていることがある。これは相関の強い説明変数を同時に挿入しないことで，多重共線性（multi-colinearlity：通称「マルチコ」）と呼ばれる症状が発生するのを回避しようとしているためである。マルチコが発生していると，①推定された係数の符号が理論や予想と逆になる，②決定係数は高いが，t値がとても小さく，有意な推定結果が得られない，③サンプルサイズを少し変えるだけで，係数の推定値が大きく上下し結果が安定しない，などの症状が生じる（山本・竹内 2013）。

7　このほか，変数の傾きがグループによって異なるケースも考えられる（たとえば，賃金に与える勤続年数の効果が大卒と高卒で異なる場合など）。この場合，大卒ダミーと勤続年数の交差項によってその効果を観察することができる。これを「傾きダミー」ともいう。傾きダミーの実践については，本書第8章を参照されたい。

　では，変数間の相関の強弱を調べるためには，どのようにしたらよいのであろうか。それは「相関係数」によって調べることができる。相関係数とは，変数間の結びつきの強さを表し，最大１から最小－１までの間をとる。プラスの値ならば正の相関であり，一方の変数が上昇すると，もう片方の変数も上昇する。マイナスの値ならば負の相関であり，一方の変数が上昇すると，もう片方の変数は減少する。慣例的に，相関係数が絶対値で0.7を超えると，同時挿入することによってマルチコが発生する可能性が高い（**表１-６**）。実際，先ほどの推計でも配当と総資産は相関が強く，0.9455となっていた（**表１-７**）。

　マルチコのおそれに対する措置方法としては，これら相関が強い変数を同時挿入するのではなくて，ばらして推計に投入して観察することが考えられる（**表１-８**）。同表によると，配当を入れていない推計では，総資産の値は正に有意となっており，これまでの結果と異なっている（列(3)）。マルチコが発生していたことを疑わせる内容となっている。

表1-6　相関係数と相関の強さの目安

相関係数（絶対値）	相関の強さの目安
～0.3未満	ほぼ無相関
0.3～0.5未満	非常に弱い相関
0.5～0.7未満	相関がある
0.7～0.9未満	強い相関
0.9以上	非常に強い相関

出所：末吉・末吉（2017），70頁.

表1-7　相関係数行列

	役員賞与	ROE	配当	総資産	財閥系企業ダミー
役員賞与	1.0000				
ROE	0.2433	1.0000			
配当	0.6898	0.1718	1.0000		
総資産	0.6393	0.1050	0.9445	1.0000	
財閥系企業ダミー	0.2275	0.1743	0.1378	0.1458	1.0000

配当と総資産の相関係数は0.9445で非常に強い相関がある。

表1-8 ┃ マルチコ症状に関するチェック

	(1)	(2)	(3)	
ROE	272.4095**	258.8275**	410.3605***	配当と同時挿入しない
	(112.6161)	(109.3670)	(103.0439)	と，正に有意に転じる
配当	0.0325***	0.0366***		（同時挿入するとマル
	(0.0084)	(0.0104)		チコが発生？）。
総資産		−0.0002	0.0014***	
		(0.0004)	(0.0004)	
定数項	28.7409*	32.8784*	1.7788	
	(15.4570)	(18.0423)	(19.7816)	
表1-5の他の変数	YES	YES	YES	
観測数	198	198	198	
F 値	27.4925***	24.7614***	18.4305***	
補正 R^2	0.5035	0.5015	0.4544	

注1：***，**，* はそれぞれ1％，5％，10％水準で有意であることを表す。
注2：上段は係数を，下段括弧内は不均一分散に頑健な標準誤差を示す。

4.3 対数変換

　比率などではなく，人数や金額などの現数値を変数とする場合，個体間でばらつきがあるため，プロットのまとまりを代表する回帰直線がうまく引けない場合がある。このような場合，その変数を「自然対数」に変換することで，ばらつきを抑え，プロットを直線で表現しやすいことがある。

　2の3乗が8というケースでは，$8 = 2^3$ と表せるが，指数3を主役として，$\log_2 8$ と表すことがある。このとき，3の部分を「2を底とする8の対数」と呼ぶ。そして，ある値（真数という）が与えられ，底 e を2.7182…とした場合の対数のことを自然対数という（「対数変換についてのまとめ」参照）。現数値を自然対数に変換して使うことが，しばしば実証分析では用いられる。たとえば，役員賞与と配当をそれぞれ自然対数に変換しプロットしたものが，図1-3である。図1-1に比べ，縦軸と横軸のスケールが小さくなり，ばらつきが抑えられていることがわかる。

　表1-9は，役員賞与と配当，総資産を自然対数にした推計結果である[8]。列

8　ゼロの値は自然対数が取れないため，サンプルサイズは減少する。

(1)は配当，総資産のみを自然対数とした場合であり，このケースでは，配当の役員賞与に与える効果は，配当が1％と増えると，役員賞与も0.4081千円（＝40.8063/100）増えると解釈できる。列(2)は役員賞与を自然対数とした場合である。ここでは，配当が1単位（千円）増加すると役員賞与は，0.003％（＝0.00003×100）だけ増えると解釈できる（ただし，非有意）。列(3)は役員賞与，配当のいずれも対数としたケースであり，配当が1％増えると役員賞与は0.3332％増えると解釈できる。最後の方法はいずれも対数を取っているので，「log-log」モデルとも呼ばれる。対数変換の解釈は少し複雑であるが，しばしば利用されるので，変換表をみながらでも解釈できるようにしておくことが大事である。

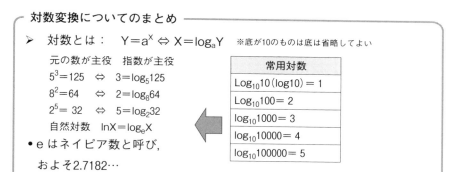

対数変換についてのまとめ

➢ 対数とは： $Y=a^x \Leftrightarrow X=\log_a Y$ ※底が10のものは底は省略してよい

元の数が主役　指数が主役
$5^3=125 \Leftrightarrow 3=\log_5 125$
$8^2=64 \Leftrightarrow 2=\log_8 64$
$2^5=32 \Leftrightarrow 5=\log_2 32$
自然対数　$\ln X=\log_e X$

• eはネイピア数と呼び，およそ2.7182…

常用対数
$\log_{10} 10 (\log 10)=1$
$\log_{10} 100=2$
$\log_{10} 1000=3$
$\log_{10} 10000=4$
$\log_{10} 100000=5$

図1-3 ┃ 対数変換後の役員賞与と配当の関係

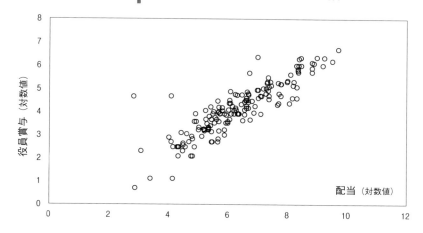

表1-9 | 対数変換した場合の推計結果

	(1) 役員賞与	(2) 役員賞与（対数）	(3) 役員賞与（対数）
ROE	178.4348	7.4179***	5.1185***
	(202.3416)	(1.4183)	(1.3750)
配当		❷ → 0.0000	
		(0.0000)	
配当（対数）	❶ → 40.8063**		❸ → 0.3332**
	(15.9499)		(0.1652)
総資産（対数）	25.7889*	0.6597***	0.3830**
	(15.0992)	(0.0631)	(0.1582)
定数項	-432.2693***	-3.0287***	-2.1023***
	(92.9081)	(0.6520)	(0.6520)
表1-5の他の変数	YES	YES	YES
観測数	188	159	158
F値	9.2406***	70.8714***	72.0407***
補正R^2	0.4698	0.7775	0.7871

注1：***，**，*はそれぞれ1％，5％，10％水準で有意であることを表す。
注2：上段は係数を，下段括弧内は不均一分散に頑健な標準誤差を示す。

❶
- 役員（現数値）- 配当（対数）
- 配当が1％上がると，役員賞与は408円（=40.8063/100）上がる。

❷
- 役員（対数値）- 配当（現数値）
- 配当が1単位上がると，役員賞与は0.003％（=0.00003*100）上がる（ただし，非有意）。

❸
- 役員（対数値）- 配当（対数値）
- 配当が1％上がると，役員賞与は0.3332％上がる。

表1-10 | 対数変換したモデルの解釈

Y	X	関係
そのまま	そのまま	Xが1増えると，Yがb（=係数）増える。
そのまま	対数	Xが1％増えると，Yがb/100増える。
対数	そのまま	Xが1増えると，Yが100×b％増える。
対数	対数	Xが1％増えると，Yがb％増える。

出所：森田（2014），表5-1を加筆修正．

4.4 不均一分散

　不均一分散とは，13頁で挙げた(3)式の誤差項が個体にかかわらず一定ではない場合を指す。たとえば，総資産額が大きい個体ほど，役員賞与の推計式における誤差項の値も大きくなる（または，小さくなる）傾向がある場合はこれに該当する。不均一分散の症状がある場合，回帰分析の効率性の仮定が満たされない（＝わかりやすくいえば，真の標準誤差が推定できず，実際には有意ではないのに有意と判断したり，あるいはその逆のことが起こる）。解決法としては，上述で紹介した変数を対数変換してしまうという方法が考えられる。ほかに，もっとも使われるのは，不均一分散の問題に修正を施した標準誤差を用いるという方法がある。これを不均一分散に頑健（robust，ロバスト）な標準誤差という。近年の統計ソフトでは，通常の標準誤差とは別に，追加のコマンドで簡単に採用できる。不均一分散の有無について検定する方法もあるが，最初から頑健な標準誤差を採用しておいた方が無難で簡便であろう。

4.5 異常値処理

　極端に大きな（小さな）値がサンプルに入っている場合，それに左右されて全体的な傾向を示す結果が得られないことがある。こうした「異常値」（外れ値）には適切な処理をする必要がある。異常値の判定基準としては，正規分布の場合，「平均値 ± 3 × 標準偏差」の範囲内に，サンプルの99.7％が入るという法則があるため，それから外れる個体を異常値として識別するという方法がある。あるいは，サンプルの上下 1 ％（サンプルを小さい方から並べて，下方の個体の値を 1 ％タイル，上方の個体の値を99％タイルという）の範囲内から外れる個体を異常値と認定する方法もある。

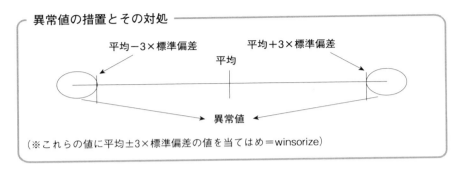

では，こうした異常値にどのような措置をすればよいのであろうか。まず考えられるのは，①異常値をサンプルから除去して分析に用いる方法である。または，②異常値と判定される基準点を異常値と認識された個体に与えるという方法である。具体的には，3標準偏差の方法の場合，平均値マイナス3標準偏差未満の値には平均値マイナス3標準偏差の値を与え，平均値プラス3標準偏差を超える値には平均値プラス3標準偏差の値を与えるというものである。パーセンタイルで判断する場合も同様であり，1％タイル未満の値には1％タイルの値を与え，99％タイルを超える値には99％タイルの値を与える。②の方法を"winsorize"（ウィンソライズ）という。本書の推計では，各変数にこの"winsorize"の処置を施している。

4.6　プロビットモデル・ロジットモデル

推計として，OLSとは別にしばしば使用されるのが，プロビットとロジットモデルという方法である。これは被説明変数がダミー変数の場合に利用するものである。ダミー変数が被説明変数ということは，値が0から1の間の確率を推計するということなので，OLSのような直線ではなく，**図1-4**のような0から1の間を通る曲線を通すことになる。誤差項が正規分布に従っていると仮定する場合はプロビットモデル，ロジスティック分布に従っていると仮定する場合はロジットモデルとなる[9]。

分析結果の読み方は，基本的にはOLSと同じでよい。ただし，注意点とし

9　基本的には，いずれの方法を用いて結果に大差はでない。筆者は，誤差項が正規分布に従っていると想定する方が自然だと考えるので，プロビットモデルを用いることが多い。

図1-4 ┃ ロジスティック関数のグラフ

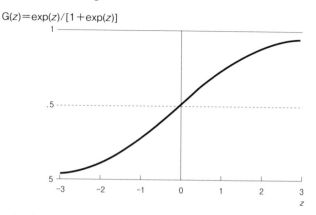

出所：Wooldridge（2019），Figure 17-1.

　て第1に，回帰直線ではなく，現実の値の当てはまりを最もうまく説明する係数を得るように計算する最尤法（maximum likelihood）といわれる方法で推計が行われる。このため，モデルの当てはまりとして補正 R^2 に該当するものはなく，代わりに「対数尤度」（または，マクファーデンの疑似 R^2）といわれる指標で判断される。第2に，係数の正負が被説明変数の確率に影響を与えるという点では OLS と同様であるが，係数の値そのものに意味はない。なぜなら，**図1-4**のような非線形の形状をとるため，説明変数 X の位置によって傾きが異なるためである。そこで代表値（平均値や中央値）の位置で説明変数が被説明変数に与える効果を評価することが多い。これを中央値（平均値）周りの限界効果という。

　ロジットモデルの具体例については，**第6章**の銀行休業の要因分析の結果を参照されたい。

さらに学習を進めたい方へ

　回帰分析の推計結果の解釈，その確率論的背景については，森田（2014），山本（2015）でさまざまな事例，手法のケースを紹介しながら具体的に，かつ丁寧に解説している。統計ソフトウェアとしては，Excel，Stata（有料。ただし，コストパフォーマンスに優れる），R（無料）などがあり，順に，末吉・末吉（2017），松浦（2021），笹渕ほか（2020）がわかりやすい。洋書ではあるが，Wooldridge（2019）は網羅的なトピック，直感的な解説，豊富なコンピューターエクササイズの提供でおすすめである。ボリュームがある書籍となっているが，勉強会などのテキストに用いれば，学習効果も高いであろう。

COLUMN 1

データソースの選び方

　実際に戦前期企業の実証分析を行う場合，どのような情報源を用いればよいのであろうか。戦前期の財務データが取得できるデータソースとしては，各社の営業報告書があるが，個別に取得して数字を拾い上げていく必要があり，かつ漢数字で表記されていることが多く，読みやすいとはいえない。また，営業報告書を PDF で提供するサービスも開始されているが[10]，所属する大学図書館などで加入していなければ，費用面で利用ができない。そこで，下記のような当時の企業の個別データを収録した会社年鑑を利用するとよいであろう（COLUMN 1：表）。①から④は著作権保護期間が満了しているため，「国立国会図書館デジタルコレクション」より PDF ファイルで入手可能である[11]。
　①と②は営業報告書の数値をそのまま掲載しており，カバーしている企業数も多い。ただし，これら資料収録の財務データを利用するのには，注意を要する。なぜなら，当時の企業の財務諸表作成のフォーマットは，企業ごとによって裁量性があり，同じ項目（たとえば，当期利益金）でも，減価償却費を費用ではなく利益処分で行ったりと，内容が異なる可能性があるからである（齊藤 2004；本書 COLUMN 8）。そのため，一定のルールに基づき，項目調整し，企業間比較が可能なように加工する必要がある。

10　企業史料統合データベース〈https://j-dac.jp/infolib/meta_pub/sresult〉。
11　国立国会図書館デジタルコレクション〈https://dl.ndl.go.jp/〉。

　とはいえ，初手から自ら調整方法を設定し，複数企業のデータを構築していくのは技術的なハードルが高く，作業量の制約も大きいであろう。そこで資料③の利用をすすめたい。同資料は，個別企業の収録は1932年からと限られるが，三菱経済研究所で企業間の財務項目の調整を行い，企業間比較が可能なように主要企業300社程度の財務諸表を掲載している。ひとまず，同資料を活用し，実証分析をスタートすることが近道であろう。そして，慣れてきたら，同フォーマットの計算方法に基づき，資料①と②を加工して，過去に遡っていくことに取り組んでみてはどうであろうか。

COLUMN 1：表 ▎個別企業の財務データを掲載した年鑑・資料

番号	資料名	発行元	収録期間	収録社数	特徴
①	株式会社年鑑	東洋経済新報社	1914-1943上	350社程度	各社の所有構造も掲載
②	株式年鑑	大阪屋商店	1897-1942下	350社程度	明治末期から発行
③	本邦事業成績分析	三菱経済研究所	1931下 -1943上	350社程度	企業間比較可能なように加工
④	事業会社経営効率の研究	東洋経済新報社	1914上 -1929上	74社	企業間比較可能なように加工
⑤	松田・大井（1981）	一橋大学経済研究所	1880頃 -1943上まで	26社	企業間比較可能なように加工
⑥	松田ほか（1981）	一橋大学経済研究所	1920頃 -1943上まで	99社	企業間比較可能なように加工

注1：収録社数は資料①から③は1936年時点。
注2：資料⑤と⑥は企業によって収録期間は異なる。

第 2 章

日本のコーポレート・
ガバナンス：特徴と変容

Summary

　　戦後日本に形成されたコーポレート・ガバナンス構造は，戦前とは大きく異なっていた。前者の特徴として，①メインバンクによるモニタリング，②株式持ち合いを背景とした弱い株主影響力，③取締役会における業務執行者と監督者の一致，④高い従業員のプレゼンス，といった点が挙げられる。ただ，バブル崩壊以降，これらの特徴は挑戦にさらされ，大きく変化した。近年のこうしたガバナンス構造の変化を意識したとき，私たちは戦前日本企業の経験から，何を学べるのであろうか。

Key Words

　　メインバンク，状態依存型ガバナンス，株式持ち合い，内部昇進者からなる取締役会，長期雇用，年功序列，企業別労働組合

1　コーポレート・ガバナンスの過去と現在

　　同じ事柄やテーマであっても，時代によってその内容が異なることは自然なことである。まさに戦前のコーポレート・ガバナンスがその事例であり，端的にその特徴を表現すれば，①強い株主権限，②弱い銀行のモニタリング，③流動性の高い労働市場，④活発な M&A の発生，といった点に集約できる。こうした特徴の，日本経営史における「固有性」はどこに求められるのであろうか。本章では，戦前日本企業のガバナンスの特質をよりクリアーに浮かび上がらせるために，戦後のガバナンス構造の特徴を解説する。この対比を行うこと

で，次章以降に展開される戦前日本のガバナンスの特徴のいかなる部分が特異
で，あるいはどのような部分が戦後と共通しているのかがより理解できよう。

　また，しばしば戦前の「強い株主主権」の様子を取り上げて，今日の株主重
視経営に対するインプリケーションを得ようという議論があるが，そうした試
みは妥当なのであろうか。また，そもそもなぜ，戦後のガバナンスは変化が求
められ，昨今において株主の利益を重視するような方向になっているのであろ
うか。本章では近年の株主重視経営にいたる経緯についても確認する。そして
上記の「歴史から学ぶ」というスタンスに関して，戦前日本企業をテーマとし
た場合の，その効用，あるいは注意点についても述べる。以下，まずは本書に
おけるガバナンスの定義，そしてそれを捉えるフレームワークを確認してから，
上記の議論に入っていく。

2　コーポレート・ガバナンスの定義

　「コーポレート・ガバナンス」に関しては，多くの論者によってさまざまな
立場から議論されてきた。たとえば，その目的を株主利害の最大化とする見解
から，従業員利益に重きを置く見解までさまざまである。

　前者の立場をとるものとしては，日本コーポレート・ガヴァナンス・フォー
ラム（1998）による提言が先駆的である。そこでは「株式会社の目的は株式利
益の最大化」であると前置きしたうえで，「企業統治とは，統治の権利を有す
る株主の代理人として選ばれた取締役が構成する取締役会が，経営方針，戦略
について意思決定するとともに，経営者がヒト・モノ・カネなどの経営資源を
用いて行う企業の経営（マネジメント）を監督する行為」（230-231頁）と定義
されている。取締役が株主の代理人であると強調するという点において，株主
重視の姿勢（あるいは，株式会社制度の本質）がよく表れている。

　一方，従業員利害重視の立場からガバナンスを捉えたものとしては，伊丹
（2000）の主張がよく知られている。同書では，コーポレート・ガバナンスを
「企業が望ましいパフォーマンスを発揮し続けるための，企業の『市民権者』
による経営に対する影響力の行使」（17頁）と定義し，実態的にも日本企業は

（法制度など建前は株主主権であるが）従業員主権で運営されてきたと論じている。

いずれもガバナンスの真理の一側面をついた見方であると思われる。ただし，近年では，Tirole（2000）によって掲げられた定義が幅広く受け入れられているようである。具体的には，そこでは「コーポレートガバナンスとはステークホルダー全体の経済厚生の増進を図るために経営者を規律づけするような制度的仕組みのデザイン」（4頁）とうたっている。ガバナンスの目的は，究極的には企業価値の維持・向上にあるが，それは特定主体の努力だけではなく，企業の構成する多様なステークホルダーの協働によって実現されるという認識が共有されるようになったからであろう。こうした捉え方は，近年のわが国におけるコーポレートガバナンス・コードの定義（「株主をはじめ顧客・従業員・地域社会等の立場を踏まえた上で，透明・公正かつ迅速・果断な意思決定を行うための仕組み」）にも引き継がれている[1]。

以上の経緯を踏まえ，本書において多様なステークホルダーの役割を取り上げるのは，より実効的なガバナンス構造を構築するためには，多様なステークホルダーから経営規律が与えられることを通じ，経営者の保身（entrenchment；エントレンチメント）を抑制することが重要であると考えているからである。

3　コーポレート・ガバナンスのフレームワーク：
経営規律の主体

では，経営者に規律を与える主体として，どのようなものが考えられるのであろうか。そのフレームワークとして，図2-1に示されるように，既存株主[2]，取締役会，経営者報酬の設計を通じた「内部コントロール」と，債権者，敵対的買収による経営介入を通じた「外部コントロール」に分けられる（小佐野

1　東京証券取引所「コーポレートガバナンス・コード（2021年6月版）」〈https://www.jpx.co.jp/equities/listing/cg/tvdivq0000008jdy-att/nlsgeu000005lnul.pdf〉。同様に，江川（2018）でも「ステークホルダーの利益を最大化するために，経営者に資源と利益の効率的な配分を促し，それを監督する制度」（6頁）と定義し，ステークホルダー全体に目配りすることの重要性を強調している。
2　また，株主には，インサイダー株主（銀行，保険，事業会社）とアウトサイダー株主（機関投資家や個人投資家）という分け方もある（宮島2017）。

図2-1 ┃ コントロールメカニズムの類型化

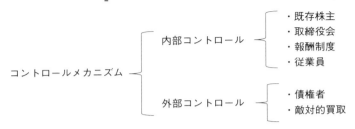

出所：江川（2018），36頁を参考に，筆者作成。

2001：江川 2018）。また，後者については，労働員組合などの従業員の発言を通じた規律付けも含まれることもある。

3.1　内部コントロール

⒜　既存株主

　通常，企業の大規模化にともない株式が分散するにつれ，個々の株主は投資先企業に対するモニタリングのインセンティブを失い，それをほかの株主に依存するようになる（フリーライダー問題）。なぜなら，モニタリングのコストはすべて当該株主の負担に帰するのに対し，そこから得られるベネフィットはほかの株主と共有することになるからである。それに対し，大株主には，企業価値改善のリターンを享受する部分が大きくなるため，コストをかけてモニタリングするベネフィットが存在しうる（Fama and Jensen 1983）。実際，ヘッジファンドなどのアクティビストの経営介入が事業の再構築を促すとともに，ペイアウト（株主還元）政策や経営陣の構成の変化をもたらし，株主価値に正の影響を与えることが確かめられている（Brav et al. 2008）。その一方で，親子上場問題に代表されるように，支配株主によって子会社が不利な取引条件を押し付けられ，収益の悪化を招くという，大株主・少数株主間の利害対立も想定される。

⒝　取締役会，経営者報酬

　また，内部コントロール・メカニズムとして，社外取締役を中心とした取締役会による業務執行者に対するチェックも挙げられる。社外取締役には，業務

執行者に対する経営監視やアドバイス，または彼らの評価・選任が期待される
が（経済産業省 2013），ある程度の人数を導入することにより，パフォーマン
スの向上，あるいは業績悪化時の経営者交代が促されることが明らかになって
いる（齋藤 2011；齋藤ほか 2017）。

　あわせて，取締役にストックオプションなど業績連動型の報酬体系が付与さ
れることがあるが，それも株主・経営者間の利害対立の緩和につながる。もっ
とも，実証的には，日本企業においてもキャッシュフローと株価パフォーマン
スは役員報酬と正の相関を有することを確認する研究がある一方で（Kaplan
1994），株主価値と役員報酬との間に正の相関を見出さない研究も存在し
（Jensen and Murphy 1990），その見方は分かれている。

　さらに，ストックオプションに関連するものとして，経営者による株式保有
がある。経営者の株式保有は，株主との利害一致をもたらし，エージェンシー
コストの削減する効果をもつ。これをアライメント効果という（McConnell
and Servaes 1990）。その反面，経営者の株式保有率が高くなりすぎると，そ
の他の株主からの牽制が効きにくくなり，資質の劣った経営者が職にとどまる
というデメリットも存在する。これはエントレンチメント効果といわれる
（Denis et al. 1997）。

(c)　従業員

　従業員も内部者として，労働組合による交渉，内部通報制度を通して，経営
者に経営規律を与える。従業員のプレゼンスが弱いといわれているアメリカ企
業においても，大規模な雇用削減を行った企業ほど経営者交代確率が上昇する
ことが明らかにされており，従業員の求心力が経営権保持にとって欠かせない
ことが明らかにされている（Billger and Hallock 2005）。

3.2　外部コントロール

(a)　債権者

　他方，金融機関などの債権者は外部主体として経営者に規律を与えうる。フ
リーキャッシュフローを保有する成熟企業では，余剰資金が NPV（Net Pres-
ent Value：正味現在価値）が負の案件に資金が投入され，中長期的な企業価
値が棄損されるおそれがある。その際，負債水準を高めることで，元本返済・

利払いのためにフリーキャッシュフローが費やされるため，企業価値を棄損するような投資案件を抑制することが可能となる（Jensen 1986）。これはランニングコストの節約を通じて，将来的な企業価値の維持に資することになろう。こうした経路は負債による規律付けと位置づけられる。

(b)　敵対的買収

　最後に，敵対的買収の発生も経営規律にとって重要である。株価が低下した際に，経営者が経営改善に努めない場合，当該企業にテークオーバーが仕掛けられ，新たな株主，経営者の下でリストラクチャリングが図られることになる。これは，実際にM&Aが起こり，経営政策が矯正されているので，「顕在的」な経営規律付け効果といえる。一方，テークオーバーに直面せぬよう，経営陣が自発的なリストラクチャリングを行うという経路も想定される。これはM&Aの発生が脅しとなり，株価を引き上げるような自助努力を促しているため，「潜在的」な経営規律付け効果といえる（後掲図7-3）。このような株価を指標として，経営権をめぐって株主が競う市場のことを，会社支配権市場（market for corporate control）という（Manne 1965）。

4　従来の特徴

　では，日本のコーポレート・ガバナンスの従来的な特徴は，どのようなものなのであろうか。本節では，上記のコントロール主体のカテゴリーごとに紹介していく。

4.1　メインバンク（＝債権者）

(a)　特　徴

　戦後大企業の資金調達は，銀行借入中心であり，間接金融主流であった。後掲図8-1（本書181頁）により，20世紀日本企業43社の負債比率をみると，1970年には負債比率8割程度に達した。その際，資金供給先として，とりわけ重要な役割を果たしのが，「メインバンク」である。メインバンク制とは，簡潔にいうと「特定銀行と特定企業の長期的な取引関係」と定義される。

図2-2 | 「委託された監視者」のイメージ

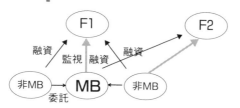

注：MBはF1（企業1）にはメインバンクとなるが，F2（企業2）に対しては非メインとなる。
出所：筆者作成。

　まず，メインバンクの外見的特徴としては，①最大の債権者であり，長期継続的な取引関係を通じて融資先の情報を蓄積していくこと，②大株主であり，融資先安定株主としての地位を保持すること，③役員派遣を行い，企業内部からモニタリングを実施すること，などが挙げられる。また，④当座預金取引，外国為替取扱い，社債発行の受託などの多面的な金融取引を担い，手数料収入を獲得することも追加される（橋本ほか 2019）。特に重要なのは，⑤委託された監視者という特徴である。メインバンクが融資先の監視を一手に担当することにより，非メインバンクは重複監視の回避し，監視コストを節約することが可能となる。当該銀行が他銀行をメインバンクとする企業に融資する際は，逆に監視を委託することになる（図2-2）。すなわち，銀行業全体として監視コストを削減することが可能となる。このように考えると，メインバンク関係は，銀行間の互恵的な関係ともいえる。

⒝　情報の非対称性の緩和

　こうしたメインバンクの機能としては，次の2点が挙げられる。第1は，企業と投資家の間の「情報の非対称性の緩和」である。通常，投資計画について，投資家と企業家の間には情報の非対称性が存在する。この非対称性が大きいほど，投資家にとってはプロジェクトの成否が不透明であるため，彼らは資金提供の際に高いリスク・プレミアムを要求することになる。このプレミアムの水準が高い場合，当該企業の資金集めは困難となり，場合よっては NPV が正であっても，投資が実行されないことが起こりうる。その際，情報を蓄積したメインバンクが融資することで，両者の非対称性が緩和されことがある。なぜなら，メインバンクは融資先企業と長期的な関係を築いており，内部情報を保有

しているからである，つまり，メインバンクの融資が投資家にとって保証効果となり，プレミアムが低下し，資金集めが円滑化するのである。こうした効果は，特に高度成長期の局面において，名声を確立していない企業に融資において機能した[3]。メインバンクは，ベンチャーキャピタルとしての役割を果たしのである。

(c)　状態依存型ガバナンス

第2の機能として，経営危機時の救済が挙げられる。融資先企業の経営状態が正常なときには，メインバンクはサイレントパートナーであるのに対し，悪化すると，派遣役員の数・クラスを引き上げ，監視を強化する。そして，深刻化すると，当該企業の経営陣の更送し，経営権取得をしたうえで，メインバンク主導でリストクチャリングを実施する。このような融資先企業の経営状態によってメインバンクが経営関与する度合いを変更する行動様式は，青木昌彦によって「状態依存型ガバナンス」として定式化された（青木・パトリック1996）。こうしたガバナンスのあり方は，前節で説明したM&Aの役割を代替するものとして，「顕在的」，「潜在的」に日本企業に経営規律を与えたものとして解釈できる。

4.2　株式持ち合い

戦後日本の株式所有構造は，その安定性で知られてきたが，そのコアをなすのが企業間で株式を相互に保有する「株式持ち合い」であった。それは，①持ち合い株主は互いにサイレントパートナーとして振る舞う，②非友好的な第三者に株式を売却しない（敵対的買収の防止），③株式を売却する際には，発行企業に事前相談する，などを特徴としていた。1980年代初頭には，安定株主持株比率は45％，持ち合い比率は20％程度（金額ベース）に達した（**図2-3**）。

このような持ち合いには，3つの安定化機能があるといわれている（橋本ほか 2019）。第1は，「経営の安定化」である。敵対的買収の発生を抑制するこ

3　1950年代末に，ホンダがスーパーカブの量産に向け，鈴鹿製作所を中心とする野心的な計画を立てた際，あるいはソニーがトランジスタを製造するために厚木工場の投資計画を策定した際，前者では三菱銀行が，後者では三井銀行が総借入の50％以上を供給した事例がよく知られている（宮島1995a）。

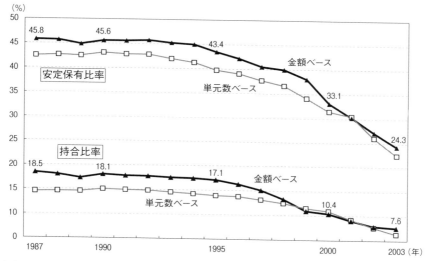

図 2-3　┃　株式持ち合い比率の推移

出所：ニッセイ基礎研究所「株式持ち合い状況調査（2003年度版）」。

とや，流通株式数を減らすことで，株価を安定化させ，経営者に対する株式市場からの圧力を緩和した。短期的な株価の動向から解放された経営者は，長期視野での経営を実現した。第2は，「取引の安定化」である。株式の持ち合いが，取引先企業の機会主義的な行動を抑制した。その背景には，株式保有による"voice"（発言＝経営介入）と"exit"（退出＝株式売却）が背景となっている。実際のところ，株式持ち合いは，相対的な関係にとどまらず，グループ企業間で円環状に持ち合っている（図2-4）。このサークルのなかでは，共同体の安定性を乱す企業に対し，多方面から制裁がなされる。これは長期継続的取引関係の形成・維持に寄与し，新たな取引先を探す際に要するコストの削減や，メンバー間の情報蓄積につながった。第3は，「収益の安定化」（リスク・シェアリング）である。パフォーマンスが低迷している場合，（持ち合い先企業の同意は必要なものの）保有株式を売却することで業績の改善が図られた。また，企業集団に属している場合は，経営危機時にメンバー企業から支援がなされることもあった。

図2-4 ▌ 株式持ち合いのイメージ

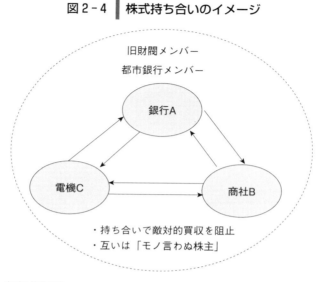

出所：筆者作成。

4.3　日本型雇用システム

　日本の雇用慣行もまた，独特のシステムとして認識されてきた。いわゆる①終身雇用（長期雇用），②年功序列，③企業別労働組合の「三種の神器」である。これらは，あくまで正社員を対象とした「暗黙の了解」であり，契約書に記載されることはない。

　長期雇用のメリットとして，まず，「働きがいの向上」が指摘できる。長期雇用は，従業員にとっては雇用保障と映り，それは愛社精神の醸成につながった。また，雇用期間の長期化により，従業員にとっては転職の可能性が低下し，企業特有の技能・知識（企業特殊的技能）の蓄積に取り組んだ。さらに，長期雇用は，従業員の意思疎通の円滑化に寄与した。長い期間，労働をともにすることで，メンバーの性格，能力の情報が共有され，それは円滑なチームワーク，スムーズな技術移転につながった。

　以上のメリットを補強したのが，年功賃金である。これは，若年期には生産性が賃金を上回る（＝過小受け取り）一方で，中高齢期には賃金が生産性を上

図2-5 ┃ 年功序列制における給与と貢献のイメージ

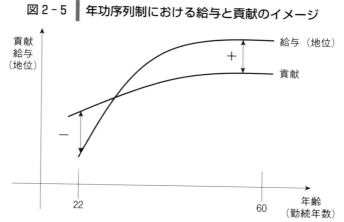

出所：岡村ほか（2012），図表1-2.

回る（＝過大受け取り）という，いわば「後払い賃金システム」であった（図2-5）。すなわち，労働者は将来に向けて，無形の貯蓄（＝見えざる出資のメカニズム）をしていることになり，若年期の「出資」を中高齢期に回収するために，雇用は長期化した。

　さらに，企業ごとに設置された労働組合（企業別労働組合）が労使交渉において前面に出ることは，協調的な労使関係の形成に寄与した。なぜなら，ストライキを実施した場合，生産停止によって，当該企業の業績悪化し，雇用維持に揺らぎが生じることからである。このことは，ストライキの回避につながり，労使の関係を調和的なものにした[4]。また，現場に近いレベルでの組合の影響力が強くなることにより，労働者の企業の経営状態に対する情報が浸透し，経営者に対する監視が効果的となった[5]。労使関係は，友好的な部分を基本線としつつも，企業内部から経営者を牽制する仕組みとして重要な役割を果たしたのである。

4　これに対し，アメリカのように産業別労働組合が対経営者交渉を主導する場合，ストライキは産業全体で行われるため（つまり，個別企業のみが生産を停止するわけではないため），交渉はシビアとなり，労使関係は先鋭化しやすいといわれる。

5　久保（2010）では，銀行合併の際，労働組合の頑強な反対があり，合併が頓挫するとともに，その責任を取って経営者が解任に追い込まれた事例が紹介されている。

4.4　内部昇進者からなる取締役会

　一般的に，取締役会の機能は，①業務執行事項の決定，②業務執行（代表取締役，業務執行取締役が担当），③業務執行の監督に分けられる。制度上，業務の「監督」と「執行」が分離されている。ただ，上述のような企業経営に対する従業員の高いプレゼンスは，当該企業の取締役会構成にも影響を与え，取締役会メンバーのほとんどが内部昇進の業務執行者から構成されるという特徴となって表れた（**第5章**）。

　こうした取締役会構成のメリットとしては，①従業員に昇進のインセンティブを提供するとともに，現場のノウハウをトップから統括管理するうえで有効であるという点が挙げられる。また，②取締役は，従業員の代表としての性格を持つため，従業員の利害（特に雇用）を意識して，経営の安定性を高めるような中長期視野での経営を実行するという点が指摘される。さらには，③取締役の地位は従業員からの昇進からの延長線のため，取締役と従業員の賃金格差が小さく，従業員に公平感を与えるという点も言及されることが多い[6]。

4.5　弱い M&A の規律

　1980年代が終わるまで，メインバンクや従業員が高いプレゼンスを発揮したのに対し，M&A がコーポレート・ガバナンスに対して果たした役割は相対的に小さかった。高度成長期における上場企業同士の合併は年間数件程度にとどまり（宮島 2007），かつその多くは戦略的なものではなく，行政当局の要請に応じた救済的な性格のものであった。敵対的買収はまれに発生したが，ほとんどは仕手筋による買占めであり，経営支配を目的としたものではなかった。総じて1990年代半ばまで，日本における M&A は低調であった。

　その背景として，①マクロ経済環境が良好であり，M&A の供給要因となる負のショックが生じなかったこと，②メイバンク制度が健在であり，経営規律，

6　直近の調査でも，アメリカに比べ日本の社長（CEO：Chief Executive Officer）と社員の報酬格差は小さく，ペイレシオ（社長あるいは CEO の報酬と従業員の年収給与の中央値の倍率）は，前者で300倍程度，後者で20倍から30倍と報じられている。「報酬格差351倍　米企業の断層」『日経ヴェリタス』2021年9月19日号，8-9頁．

救済機能を担ったこと，③独占禁止法が厳格に運用され，水平的合併が抑止されたこと，④日本型雇用システムのために，組織融合のコストが高くついたこと，などが指摘されている（宮島 2007；Kawamoto and Saito 2012）。

5 変化が求められた背景

では，以上のような日本型コーポレート・ガバナンスの従来的特徴は，どのような要因によって変化が生じた（あるいは，変化が求められた）のであろうか。以下では，ごく簡単に確認しておきたい。

5.1 企業パフォーマンスの低迷

まず，バブル崩壊後のパフォーマンスの低迷が，それまでのガバナンスのあり方に疑念を抱かせることになった。**図2-6**は1970年代以降の東証1部上場

図2-6 ┃ ROA の推移

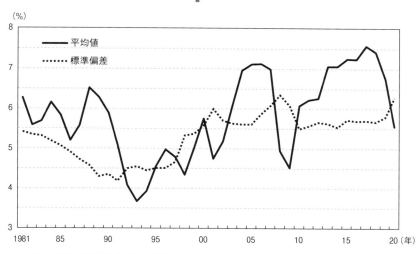

注：サンプルは東証1部上場企業（非金融業）。
出所：日経メディアマーケティング「NEEDS FinancialQUEST」より作成。

企業の ROA（Return on Asset：総資産経常利益率）の平均値の推移を追ったものである。1980年代に 6 ％程度で推移していた同指標は，1990年以降，4 ％以下へと急降下した。また，この低下とともに注意しなければならないのは，その標準偏差の拡大である。すなわち，全体としてパフォーマンスは低下するだけではなく，パフォーマンスの企業間格差の拡大をともなっていたのである。パフォーマンスの低迷は，従来型の企業システムの制度疲労が原因となっているのではないか，あるいはガバナンスの巧拙が関わっているのではないかとの疑問が持たれるようになった。

5.2　メインバンク・システムの後退

　このように企業パフォーマンスが低迷するなかで，メインバンクはその規律付けの機能を失っていった。そもそも，1980年代以降の金融自由化以降，優良企業の「銀行離れ」が起こり（**第8章**），銀行のポートフォリオは劣化していたが，それに追い打ちをかけたのは，バブル崩壊後の融資先企業のパフォーマンスの低迷，ひいては不良債権の累積であった。

　基本的なことを確認しておくと，メインバンクによる規律付けが有効であるためには，銀行にレントが十分保証され，融資先企業に対する清算の可能性が切り札となる場合である。ところが，銀行自体の経営体力が弱っていると，不良債のさらなる累積を恐れて追加融資に応じる可能性が高まるため，清算の「脅し」が効かず，融資先企業に対する圧力も弱まることとなる。特に，「追い貸し」と呼ばれる現象が，バブル期において銀行が融資にのめり込んだ，不動産，小売の非製造業で大規模に起こったことはよく知られている事例である。不良債権問題により，メインバンクによる経営規律の機能は損なわれ，1990年代後半にはしばしば「日本企業のガバナンスは空洞化している」と論じられた。

5.3　持ち合い解消

　1990年代後半には，上記のようにメインバンク制の後退が明確になるとともに，株式持ち合いも解消過程に入った。2001年から政策保有株へも時価主義会計が導入され，株価の値下がりが著しかった銀行株はリスク要因として映り，事業会社による銀行株の売却が進められた。一方，益出しのための銀行による

事業会社株売却も並行して行われ，銀行危機が発生した1990年代後半以降，銀行・事業会社間で売却が進展した。さらに，2002年の「銀行等株式保有制限法」では，銀行による株式保有が自身の経営リスクを高めるということを理由として，その株式保有を中核的自己資本 Tier 1 の水準にまで制限するという方針が打ち出された。一連の結果，銀行を中心とする持ち合い関係は解消に向かい（前掲図2-3），メインバンク制とともに，日本型企業システムの従来的特徴が徐々に消失していった。

5.4　外国人投資家の台頭

こうした持ち合い株式の受け皿となったのが，国際分散投資を目的とする海外機関投資家であった。所有構造に目を向けると，1990年代には10％弱しかなかった比率は，2000年代以降，急上昇し，直近では3割を超えるまでになっている（図2-7）。これら外国人投資家は，国内投資先企業としがらみがなく，

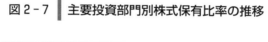

図2-7 ▎ 主要投資部門別株式保有比率の推移

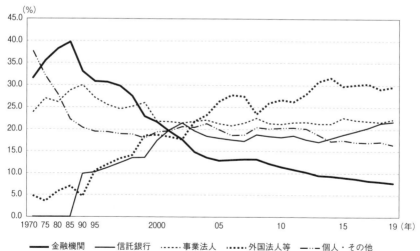

注1：1985年度以前の信託銀行は，都銀・地銀等に含まれる。
注2：2004年度から2009年度までは JASDAQ 証券取引所上場会社分を含み，2010年度以降は大阪証券取引所または東京証券取引所における JASDAQ 市場分として含む。
出所：東京証券取引所「株式保有主体別分布」。

株主価値向上の観点から，株主総会における議決権の行使を開始した。いわゆる「株主アクティズム」である。これに刺激され，外資との受託資金の獲得をめぐって，保険や年基金などの国内機関投資家も，議決権行使ガイドラインを設け，投資先企業の収益性や取締役会の独立性について目を光らせ始めた。また，2001年には，日本でも議決権行使助言会社である ISS（Institutional Shareholder Service）が活動を始め，国内外の機関投資家の議決権行使に影響を与えた。

5.5　コード策定の世界的気運

ここまで述べてきたような，株主アクティビズムの萌芽が見られたのは，1980年代以降のアメリカにおいてであった。1987年のブラックマンデーを受けて，株価が暴落するなか，カルパース（CalPERS：カリフォルニア州職員退職年金基金）などの機関投資家は，売却（exit）ではなく，経営介入（voice）によって，保有株式の価値の維持に乗り出した。ブロックホルダー（株式を一定程度保有する大株主）である自身が売却することにより，株価下落に拍車をかけることになるからである。

ただ，それまでは，「ウォールストリートルール」とも呼ばれるように，基本的な姿勢として投資先企業に exit で対応してきた機関投資家には，経営介入の十分な経験がなかった。そこでコーポレート・ガバナンスのあるべき姿を示すため，各国の機関・団体で原則の作成がなされた。その具体的な成果として代表的なものが，『OECD コーポレートガバナンス原則』（1999）である。株主の権限，取締役の責任，情報開示のあり方など方向性が示されている。世界標準として，各国の機関，企業，市場関係者に大きな影響力を与え，ガバナンスのあり方に関する重要性を意識させるきっかけとなった。後述する日本におけるコード作成も，その機運に則ったものと捉えられよう。

5.6　株式会社制度の本質的課題

もっとも，コーポレート・ガバナンスをめぐる問題は，いまに始まったことではなく，オランダ東インド会社など，17世紀に株式会社が生まれて以来の問題だということも忘れてはならない。株式会社制度は，資金を持つ主体と能力

を持つ主体とを結合し，世の中に有益な事業を生み出してきた。これが世界経済成長の原動力であることは疑いようもない。ただその一方で，会社が発展するにつれ，出資者の数も多くなり，個々の株主の影響力は低下していくこととなった。その状況下では，もはや経営者が株主利益に沿う保証はなく，利益処分や投資をめぐって，株主の利益に反するおそれが出てきたのである。こうした株主・経営者間の利害対立のことを，「エージェンシー問題（agency problem）」という。経営者は「株主の執事としては振る舞わない」，「しょせん他人の預かりものなのでその資金をぞんざいに扱う」などとアダム・スミスが『国富論』（1776）において苦言を呈したように，エージェンシー問題への直面は，大企業の宿命ともいえる。株式会社の生誕以来，時期，地域を問わず，人類はコーポレート・ガバナンスの問題に対峙してきたのである。

6　コーポレート・ガバナンス改革

6.1　取締役会改革

　以上のような外部規律を担う主体の変化は，内部ガバナンス構造にも影響を与えるようになった。そのターゲットとなったのは，業務執行と監督の未分離と，人事権者である社長を頂点としたヒエラルキーの形成を原因とした不十分なモニタリング構造，あるいは意思決定効率の低下を招いていると批判された取締役会規模の肥大化にあった。

　これは背景に，所有構造において外国人投資家のウェイトが高い企業を皮切りに，1990年代後半から執行役員制度が導入され始めた。これは商法に基づかない独自の制度であり，従来の監査役会設置会社の枠組みにおける改革であった。そのポイントとしては，取締役を，①監督に専念する取締役層，②執行役員と取締役を兼任する層，③業務執行に専念する執行役員層（非取締役）に分解し，取締役会規模の縮小と，監視と執行の分離を図りつつ，現場の活動やノウハウを統括的管理に活かす仕組みとなっている。1997年のソニーの導入が嚆矢とされ，今日では上場，非上場問わず，広範な企業で取り入れられている。

図2-8 ┃ 会社機関の比較

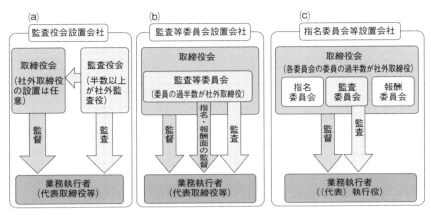

出所：アンダーソン・毛利・友常法律事務所『Japan Corporate/ M&A News Letter』2015年5月を基に一部筆者
加筆。

　こうした業務執行とその監督を，さらに進めたものが，2003年の委員会等設
置会社制度[7]の導入であった。商法（あるいは会社法）で定められた業務執行
に専念する執行役を設けると同時に，取締役会内に3つの委員会（指名，報酬，
監査）を設置し，それぞれの委員会の過半数は社外取締役によって占められる
（図2-8(b)）。監督を社外取締役が，業務執行を社内執行役が担うことによっ
て，アメリカ式のモニタリングボードが実現されるものとして大きな注目を集
めた。

　もっとも，一部の大企業，あるいはそれらのグループ企業で移行がみられた
ものの，今日にいたるまで，その導入に広がりはみせていない。その理由とし
て，社外取締役導入一般に共通することであるが，内部者の外部者への拒絶反
応，あるいは社外取締役を社長が選任することによる独立性への疑問，他社の
トップが就任する場合は当該企業に費やす時間的制約など，その有効性，実効
性への疑問が現場で持たれたためである。このため，民主党政権時代において，
社外取締役導入に関する義務化の動きがあったが，経済界から強い反発を受け，

7　2006年に委員会設置会社，2014年には現在の指名委員会等設置会社へと名称変更している。同委
　員会設置会社では，従来の監査役は不要となった。

見送られた。

6.2　コーポレートガバナンス・コード

　こうした，鈍い社外取締役導入の動きに対して，山が動いたのが2012年12月の第二次安倍政権の成立によってであった。そこでは成長戦略の第三の矢（民間投資を喚起する成長戦略）の中心として，コーポレート・ガバナンス改革に重点が置かれた。その具体的な狙いは，「社外取締役導入による経営規律付け→資本効率の上昇，およびリスクが取れる経営の実行→稼ぐ力の向上」の循環の創出にあった。

　これを受け，金融庁，東京証券取引所で議論・策定が進み，2015年6月には「コーポレートガバナンス・コード」が適用された。その主な内容は，①株主の権利・平等性の確保，②株主以外のステークホルダーとの適切な協働，③適切な情報開示と透明性の確保，④取締役会の責務，⑤株主との対話，の5原則であるが，特に大きなインパクトを与えたのが④であった。つまり，業務執行と監督の分離が打ち出され，社外取締役の導入が強く要請されたのである。そ

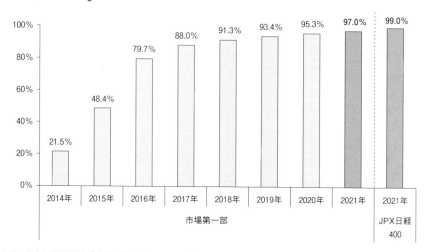

図2-9 ▎2名以上の独立社外取締役を選任する上場企業の割合

出所：東京証券取引所「東証上場会社における独立社外取締役の選任状況及び指名委員会・報酬員会の設置状況」〈2021年8月2日 https://www.jpx.co.jp/news/1020/20210802-01.html〉。

の際，工夫されたのが，その導入を義務化はせず，導入しない場合には説明責任を求めるという，「コンプライ・オア・エクスプレイン」(comply or explain：順守するか説明するか) の方針に基づき運用がなされたという点である。社外取締役を導入しないことを説明する合理的な理由はなかなか提示することは難しく，結果，多く上場企業がその導入に踏み切った。現在では，社外取締役の複数選任は上場企業にとって標準装備になり (図2-9)，さらに2022年4月には東京証券取引所が再編され，プライム移行を希望する企業は，1/3以上を選任することが求められることとなった。

　また，2014年の会社法改正では，会社機関の充実化も図られた。従来の監査役会設置会社，委員会設置会社に加え，監査等委員会設置会社制度が設けられた。同制度では，過半数が社外取締役から構成される監査等委員会を取締役会内に設置し，それら監査等委員は議決権を有する (図2-8(c))。これにより，従来の監査役とは異なり，取締役会の議論に参加できるため，情報収集が容易であり，かつモニタリングの実効性の点でアドバンテージがあるといわれている。もっとも，ほかの委員会は設置不要であるため，人事権，報酬決定権は社長以下，社内取締役のもとにとどめ置かれる。監督機能の強化と社内取締役の抵抗感のバランスに配慮した機関設計なっており，現在では東証1部上場企業のうち，30%超の会社が導入するまでにいたっている (東京証券取引所 2022)。

　以上のように，日本企業の取締役会は，インサイダー中心のマネジメントボードから，アウトサイダーを含むモニタリングボードへと，徐々に移行し性質を変えつつある。

6.3　スチュワードシップ・コード

　また，上場企業のコーポレート・ガバナンス改革に対して，外部投資家の積極的な働きかけも重要であった。2014年2月には，機関投資家の行動規範として「スチュワードシップ・コード」が策定され，中長期的な価値創造の観点から，受益者のため，投資先企業との「目的を持った対話 (engagement：エンゲージメント)」が求められた。これにより，機関投資家に受託者責任があるという自覚を促すのが目的であった。

　2017年5月の改定を経て，同コードは，受託者責任の果たし方の公表や投資

先企業のモニタリングなど，7原則から構成されることとなった。同コードでとりわけ重要な点は，ガバナンス・コードと同様，①機関投資家に指針内容に関して「コンプライ・オア・エクスプレイン」原則が導入されたことと，②原則内に議決権行使の方針と行使結果の公表が明記されたことである。これにより，そのパフォーマンスや独立性をめぐって，株主総会における企業トップや社外取締役の選任に対する賛成比率が低下したとも報道されており[8]，経営者・投資家の緊張感は一気に高まった。

6.4　高まる会社支配権市場のプレゼンス

　村上ファンドやスティール・パートナーズなど，2000年代初頭から半ばにかけて，アクティビストを中心に敵対的買収の発生が大きく報じられたものの，リーマンショック後の金融収縮で，その活動も停滞していた。もっとも，そうした動きは2010年代後半に入ってから変化し，ファンドだけにとどまらず，事業会社もプレイヤーとして加わり，敵対的TOBの件数増加として表れている。レコフデータの情報によると，2012年から2021年5月までに21件の敵対的TOBが確認されたが，そのうち20件が2015年以降の案件に該当する（図

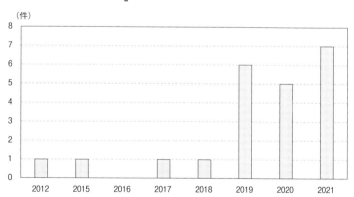

図2-10 ▎近年の敵対的TOBの推移

出所：レコフデータ調べ。「攻防企業統治④　日鉄『株主主導』改革」『日本経済新聞』2021年5月28日。

8　「株主総会真剣勝負に」『日本経済新聞』2017年6月30日。

2-10)。直近では，エイチ・ツー・オーリテイリングによる関西スーパー買収
に割って入ったオーケー，新生銀行に敵対的 TOB を仕掛けた SBI ホールディ
ングス，前田建設と前田道路の親子対決などの事例が記憶に新しい。また，コ
ロワイドによる大戸屋の案件やニトリホールディングスによる島忠の案件など，
敵対的 TOB が成立するケースも散見されるようになった。こうした敵対的買
収発生・成立の背景としては，上記のようなスチュワードシップ・コードの適
用により，より高い価格を提示する買い付けへ応募する意識が機関投資家サイ
ドで芽生え始めていることが大きいといわれる[9]。

6.5　雇用システムの修正

　バブル崩壊以降，雇用システムにも大きな修正が加えられた。その背景とし
ては，経済成長の鈍化，あるいは高齢化により，長期雇用者が固定費として経

図 2-11 ┃ 雇用形態別雇用者数：非正規の職員・従業員割合

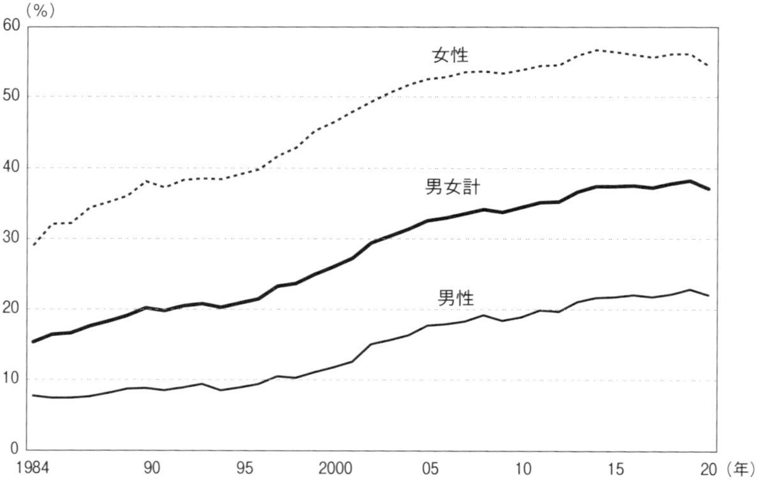

原資料：2013年以降は総務省統計局「労働力調査」（基本集計，年平均），2002年以降2012年までは総務省「労働
　　　　力調査」（詳細集計，年平均），2001年以前は同「労働力調査特別調査」（2月）。
出所：労働政策研究・研修機構『早わかりグラフでみる長期労働統計』〈https://www.jil.go.jp/kokunai/
　　　statistics/timeseries/index.html〉。

9　石綿学「敵対的買収，どう対応？」『日経産業新聞』2020年12月11日。

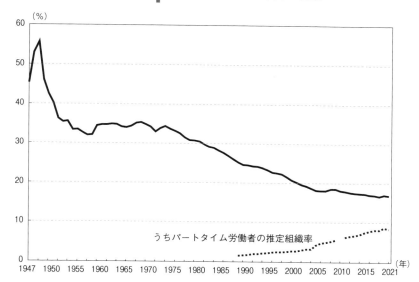

図2-12 ｜ 労働組合：推定組織率の推移

原資料：厚生労働省「労働組合基礎調査」。
出所：労働政策研究・研修機構『早わかりグラフでみる長期労働統計』〈https://www.jil.go.jp/kokunai/ statistics/timeseries/index.html〉。

　営の重みとなっていることが指摘できる。また，グローバル化や技術革新の進展により，組織の垣根を超えた人材登用の必要性が高まっていること，さらには人々の価値観の多様化によってさまざまな働き方が模索されていることもある。

　こうした結果，企業サイドでは，コアメンバーの雇用は維持しつつ，退職者を非正規雇用労働者で置き換える動きが進展してきた。いまでは雇用形態に占める非正規雇用者が1/3を超えるまでになっている（**図2-11**）。また，正規社員に関しては，管理職のみならず一般従業員にまで成果主義賃金の導入が試みられ，従来の年功型賃金制度のあり方に修正が加えられてきた（宮島ほか2003）。さらには，非正規社員，管理職層の増加により，労働組合組織率も20％を切るまでになっている（**図2-12**）。コア従業員の部分で従来型の雇用システムの慣性を残しつつも，非正規層の拡大により，従業員グループ間の待遇，

福利厚生についての格差が深まりつつある。

7　戦前への回帰？

　以上のような近年の株主重視の方向性は，戦前日本企業のコーポレート・ガバナンス構造と共通する点も多い。戦前期において低収益企業にM&Aが仕掛けられ，新たな株主・経営陣のもとで，リストラクチャリングがなされる様子は，今日のM&Aと企業再生のプロセスの原理を読み解くうえで有用であろう。また，同じブロックホルダーでも，長期視野を持った財閥本社と，短期視野的傾向が強かった個人投資家が企業経営に与えた影響を対比することも，興味深い試みといえる。

　もっとも，今日と戦前とでは，コーポレート・ガバナンス構造に，歴然とした違いがあることを認識しておくことも重要である。たとえば，社外取締役の導入を例にとり，株主重視経営の様相の深まりを指摘する議論があるが，それらは主に経営側で選任され，かつコーポレートガバナンス・コードの原則にもあるように，多様なステークホルダー（利害関係者）の利益に目配りする存在である。株主の立場からボードに加わり，もっぱら投資家の利益を追求した戦前の大株主重役とは同一視できないであろう[10]。

　また，雇用の流動化が進む現代に対して，ホワイトカラー層を中心に，特に戦間期以降，大企業において雇用の安定化，それに関連する人的資源管理が実施されるなど，戦前期において歴史が逆方向に向かっていたことも見逃せない[11]。この場合，戦前期の検証は，雇用の流動化の是非の参考とすることではなくて，日本型雇用システムの起源をたどることで，いまだ根強く残る長期雇用のベネフィットを認識するために利用されることになる。

　つまり，これからの企業行動を占ううえで，歴史から学ぶ姿勢を持つことは重要ではあるが，その前提として，過去と今日の個々のテーマや主体の共通性

10　社外取締役を株主の代表として捉える議論として，中谷（2003）がある。
11　齊藤（2018）では，時期によって経済における資源配分が異なり，資本が希少であった明治期から，従業員や経営者の専門的スキルが希少となった戦間期への変遷を，平易に解説している。

と異質性を適切に「ろ過」したうえで，共通性の部分が企業社会にシステマティックに与えた影響を「抽出」するという作業が必要となる[12]。この「ろ過」の作業には，ケースの積み上げによる仮説の設定が，「抽出」の作業にはデータ分析が有効なツールとなるであろう。このような意味で，従来のケーススタディに基づく経営史と，データ分析に基づく経営史は，不可分の関係にある。本書では，ケーススタディの紹介も通じ，戦前と現代の共通性・異質性についても言及するとともに，データ分析の紹介によって，戦前日本（特に戦間期）における企業行動の変容にも注意しながら，そのシステマティックな特徴について明らかにしていく。

COLUMN 2

上場維持コストと MBO

　コーポレート・ガバナンスの強化を叫ぶ声が大きくなるにつれ，監査報酬など，上場を維持するためのコストが増してきている。たとえば，2000年代後半からは，四半期決算（2008年3月期から）と内部統制制度（2008年4月から）が導入された。また，2010年代の安倍政権下でも，「コーポレートガバナンス・コード」（2015年6月）が適用され，上場企業に社外取締役の登用とその増員を求めた。さらに2022年4月からの東京証券取引所の上場区分再編では，最上位のプライム市場への移行を希望する企業には，英文での有価証券報告書の公表を必要としている。

　こうした上場維持コストが高まりを受け，増加してきたのが自ら上場廃止を選ぶマネジメント・バイアウト（Management Buy-out）である（COLUMN 2図）。MBOとは経営陣による自社買収」を指し，経営陣が自社の将来利益や資産を担保に借金をし，その他株主からTOB（Take Over Bid：株式公開買付）などを通じ，自社株を買い集める行為を指す。分散していた株式が経営陣に集約されるため，上場は廃止となる。MBOを実施することで上場維持コストは必要なくなるとともに，株価の動向を意識せず，中長期視野でのリストラクチャリングが可能となる。

　ただ，MBOには株式を売却する少数株主と経営陣の間に潜在的な利益相反のリスクがあることにも注意が必要である。なぜなら，MBOの取引構造においては，経営陣は売り

---

[12] 横山（2021）でも，歴史から教訓を得る際に，現代と共通しない「バイアス」を取り除くことが重要であると指摘している。

手のほか，買い手の立場も兼任するため，後者の立場が優先され，買収コストを下げようと，少数株主から安い価格で株式を買い取ろうというインセンティブがあるからである。実際，2000年代後半には，MBO公表前に業績の下方修正を公表し，TOB株価を下げようとしたケースが相次いで発生し，少数株主との間で法廷闘争にまで発展した。MBOは企業価値向上にとっては劇薬であり，使い方によっては毒にも薬にもなる。今後もそのベネフィットを活かしつつ，コスト発生を抑制するような制度の設計・修正が必要となろう。

COLUMN　2：図 ▎ MBOによる非公開化の推移

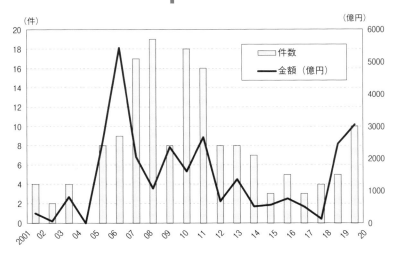

出所：レコフデータ『レコフM&Aデータベース』より作成。

第 **3** 章 会社制度と株主主権

Summary

　明治初期，株式会社の導入はスムーズに進まなかったが，19世紀末になると，法的インフラが整えられるとともに，いくつかの会社が成功を収めたことから，会社制度に対する不安感も払拭されていった。戦前の株式会社は，強い株主主権の下に置かれていた。それはエージェンシー問題の緩和に寄与した反面，近視眼的な企業経営を誘導することもあった。実証的には，紡績会社を事例とした分析によると，業績が低迷するほど，当該企業の株主総会の時間は長期化した。特に，株価パフォーマンスについては，その絶対値しか総会時間に有意な影響を与えておらず，この意味で当時の資産家層が近視眼的な性質を持っていたことが示された。

Key Words

有限責任，準則主義，株主主権，エージェンシー問題，株主総会中心主義，株式担保金融

1　株主主権をいかに捉えるか

　現代の資本主義社会において，株式会社は会社制度において主流たる地位を有している。2018年における全国会社数124万件のうち，株式会社は79％のウェイトを占める（**図3-1**）。特に株式が取引所で売買される上場企業（東証1部）は社数こそ2152社に過ぎないが，時価総額は570兆円に達し[1]，それは名目GDP549兆円を超える。こうした株式会社制度は，（経営能力はないが資

図3-1 会社の登記件数と内訳（2018年）

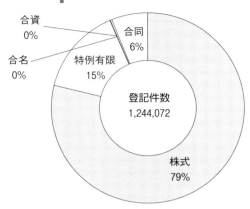

合資 0%

合同 6%

合名 0%

特例有限 15%

登記件数 1,244,072

株式 79%

注：件数には支店を含む。外国会社は含まない。
出所：法務省『登記統計』より筆者作成。

金を有する）資本家と（資金はないが経営能力はある）経営者を結びつける媒介を果たし，社会にとって有益な事業を生み出したという点において，人類が生み出した特筆すべき発明の1つといえる。

　本章では，このような株式会社制度がいかに日本において導入され，どのように発展したのかについて追跡していく。その際，注目するのが会社と出資者の関係である。後述するように，明治以降の日本企業は，設立の際，特定の資産家層に出資を依存したため，彼らは企業経営に対し発言力を行使した。強い株主主権は，当時の日本企業の経営にどのような影響を及ぼしたのであろうか。今日，株主主権のあり方は，コーポレート・ガバナンスに関する重要なトピックの1つであり，株主がモニタリングを発揮して経営効率の向上に寄与するのか，それとも企業経営を近視眼的経営に誘導して，長期的な発展を犠牲にさせるのかという点をめぐって，激しい論争が交わされている。戦前の株主主権の実態を知ることで，外国人投資家など，「モノ言う株主」の影響力が強まりつつある現代日本企業の進むべき道や方向性について，新たな知見を獲得するこ

1　いずれも『会社四季報（2019年4集）』からの数値である。

とが可能であろう。そこで本章では，まず会社制度の一般的な特徴について確認したのち，明治期におけるその導入過程，会社設立のケース，株主主権の背景，影響などを検討していく。

2　会社形態

2.1　個人と法人

　そもそも普段，あまり意識して区別されることのない「企業」と「会社」であるが，両者にはどのような違いがあるのであろうか。まず，「企業」については，会社よりも広義の概念であり，教科書的には「継続的に経済活動を行う組織体」と定義できる。設立にあたって，法務局への届け出の必要はなく，たとえば，個人でフリーマーケットを行っていても，それを定期的なものであるならば「企業」と捉えられる。

　一方，「会社」は会社法（2006年施行）で定められており，「営利を目的とする社団法人」と定義できる。このなかで個人企業との違いをよく表すのは，「法人格」である。「ヒト」には2種類の人が存在するが，人間は生物としての人（＝自然人）であるのに対し，会社に人と同じような人格を認めたものを「法人」という。個人企業は，設立がスピーディーというメリットがある反面，その継続性が事業を行っている自然人の命に限られるなど，事業を継続させるのに限界がある。また，個人企業主には「無限責任」[2]が問われるなど，出資リスクも高い。一方で，法人は，官庁に申請し，その資格を取得しなければならない。そして，法人格を得た会社は，その名義で資産を保有し，契約を行うことができる。事業の継続性が，経営者の生命には限定されることはない。こうした，会社は継続的に事業を行う組織体であるという概念を「ゴーイング・コンサーン（going concern）」という。

2　出資者が企業の損失を自己の財産をもって償うことをいう。

2.2　合名会社と合資会社

　では「会社」には，いかなる種類のものがあるのであろうか。会社法では「合名」，「合資」，「株式」，「合同」の4種類が定められている[3]。これらは，機能的には，資金集めと意思決定の統一のバランスをいかに図るかという点で分けられる（**表3-1**）。

　合名会社は，「複数の個人企業の集合体」，「無限責任社員から構成」，「社員全員が共同して経営に参加」という特徴をもっている[4]。無限責任で連帯して経営にあたるため，個人の信頼関係に基づく会社形態といえる。こうした会社のことを「人的会社」という。この会社形態の長所は，（個人企業に比べ）規模拡大が可能であり，法人であるため事業継続が期待できるという点が挙げられる。一方で，無限責任であるが故に出資者のリスクが高く，また，規模が拡大するにつれ，経営に関わる人が増えるので，意思決定効率が低下するという短所もある。つまり，資金集めと意思決定効率のバランスを考えた場合，際限なく出資者を増やすことには限界がある。

　こうした合名会社の欠点に修正を加えたのが，合資会社である。出資者は無限責任社員（＝経営に参加する機能資本家）と有限責任社員（＝経営に参加しない無機能資本家）とから構成される[5]。有限責任というカテゴリーを追加することで，リスクを抑えて出資だけしたい人を募ることが可能となる。このた

表3-1 ┃ 会社の組織形態の比較

	合名会社	合資会社	株式会社	合同会社
出資者名称	社員	社員	株主	社員
構成・責任	無限責任	無限責任・有限責任	有限責任	有限責任
意思決定	社員総会	社員総会	株主総会	社員総会

原資料：みずほ証券「お金のキャンパス」。
出所：本庄裕司「ようやく浸透した日本版LLC」経済産業研究所『新春特別コラム：2022年の日本経済を読む』
　　　〈https://www.rieti.go.jp/jp/columns/s22_0010.html〉。

3　このほか，保険会社が採用する「相互会社」という形態もあるが，これは保険業法で定められた会社となる。
4　資金提供者のことを合名，合資，合同会社では「社員」，株式会社では「株主」と呼ぶ。
5　有限責任とは，出資した以上の金額の責任を負わなくてもよいことを指す。

め，合名会社よりは，資金集めが多く期待できる。もっとも，出資金の返還制度がないため資金回収が困難であることと，無限責任社員に過度な負担がかかるという限界も残される。依然，出資者に大きなリスクが内在するのである。

2.3　株式会社

　以上のような2つの会社形態の限界を克服したものが「株式会社」である。その特徴の第1は，株主は「全員有限責任」であるという点である。出資者のリスクは投下した資本に限定される。また，経営者は，出資者以外から選ぶことも可能である。第2の特徴は「証券化」である。出資者は，資本を小口に分割した「証券」を購入する。そしてその証券は，公開会社の場合，株式市場などで譲渡可能である。出資分について回収が容易であり，投資もしやすい。第3の特徴は，「会社機関の設置」である。株式会社においては，もはや経営者は株主であることが必要とされないため，出資者の経営チェック・システムが必要である。これを担保するために，株主総会，取締役会，監査役会などの会社機関が設置される[6]。

　この会社形態の長所は，これら「3つの特徴」が背景となり，出資者のリスクが低いという点が指摘できる。不特定多数からの資金調達が可能であり，会社の資産も大規模化できるため，債権者などへの信用は保有する物的資産によって担保される。ここから株式会社は「物的会社」と称される。もう1つの長所は，経営者と出資者という性質を分離したため，経営者の候補者プールが株主の外にまで及び，優れた経営者を獲得しやすいという点が挙げられる。以上のような点から，株式会社形態は，多額の資金調達が可能であり企業成長が期待できる。こうした利便性・経済的効用から，株式会社は，会社形態において最大のウェイトを占めているのである。

2.4　合同会社

　なお，近年注目を集めている会社形態として，合同会社（Limited Liability Company：LLC）がある。2006年の会社法施行とともに新設された形態であ

6　もっとも，非公開の株式会社（会社法制定前の名称は「有限会社」）もあり，会社機関の簡素化，株式について譲渡制限が設けられている。

図3-2 ┃ 合同・株式会社の設立件数

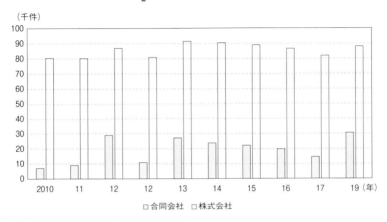

注：件数には支店を含む。外国会社は含まない。
出所：法務省『登記統計』より筆者作成。

るが，当初，その特徴がよく理解されておらず設立は低調であった。ただし近年，増加傾向にあり，2010年には7千件の設立であったものが，2020年には3万件へと急増している（**図3-2**）。この増加テンポでいくと2043年には株式会社数を超えるという推計もある[7]。

　その最大の特長は，定款自治という点が挙げられる。つまり，社員間で，支配権と利益分配の割合を自由に決定できるため，アイデアという資産の提供にも十分報いる可能性を秘めている。テクノロジーの人材活用に重きを置く，Apple Japan，Google，アマゾンジャパンなどといった企業が合同会社形態を採用していることは，よく知られている事例である。「知的出資」が重視される時代のニーズに適応した会社形態ともいえる。

7　本庄裕司「ようやく浸透した日本版LLC」経済産業研究所『新春特別コラム：2022年の日本経済を読む』〈https://www.rieti.go.jp/jp/columns/s22_0010.html〉。

3 　会社制度の発展

3.1 　許可主義と準則主義

　大陸ヨーロッパでは，経済社会の発展とともに，合名会社であるソキエタス（12世紀から13世紀），合資会社であるコンメンダ（13世紀から15世紀），マグナ・ソキエタス（15世紀から16世紀），そして株式会社であるオランダ東インド会社（1602年設立）へと，順に会社制度が展開した。

　それに対し，日本では，資本主義社会へと舵を切ったのが明治維新後であったため，19世紀後半以降に，これらは同時に導入されることとなった。もっとも，それは決してスムーズに進まず，特に「有限責任」，「準則主義」のあり方をめぐって混乱をともなうものであった。会社設立にあたって，「許可主義」（「特許主義」ともいう）とは，法人設立の際に，官公庁の許可を必要とする考え方をいう。一方，「準則主義」とは，必要条件を満たせば，官公庁の許可なく，法人を設立することができるという考え方を指す。通常，後者の方が簡便に株式会社を設立できるため，産業の発展に資する。ただし，資本主義の初期段階では，株式会社が実態のないビジネスの資金集めに悪用されないよう，許可主義が採用される国が多い。

　日本では，会社設立の届け出に関して，商法施行（1893年）までは，以下の3つの対応が取られた（寺西 2011）。第1に，公共性のある業種に関しては，個別立法で対処がなされた。たとえば，銀行業に関しては，国立銀行条例が制定され（1872年），有限責任，会社機関の設置，株式の自由譲渡（ただし，頭取・取締役の承認が必要）が認められた。このときに設立された第一国立銀行（現在の，みずほ銀行の起源）は，日本で最初の株式会社といわれている。ほかに，鉄道，株式取引所，特殊銀行（日本銀行，横浜正金銀行）などが条例制定により設立された。

　第2に，規模の大きなパイオニア的事業を行う企業は，個別審査で設立が認められた。これには，共同運輸，日本郵船，東京海上，明治生命，日本鉄道，

大阪紡績など，現在にまで残る有力企業が含まれる。

　混乱をきたしたのは，第3の対応で，一般企業に対するものであった。これは，各地方官の判断によって対処されたが，①地方官による許可の時期（1874年4月まで），②「人民相対」の時期（1878年11月まで），③届出制による規制緩和の時期（1893年7月）に大きく分けられる。①の時期には，地方官によって会社設立の判断がなされ，単独で判断が難しい案件は太政官に伺いが立てられた。②の時期には設立は許可制であるが，会社との間で発生した問題は，当事者間での処理が求められた。官許に対する信頼を利用しての制度の悪用を回避するのが狙いであったという。③の時期では，地方官公庁が適宜，設立を判断し，その結果は主務官庁に事後報告されることとなった。こうした大幅な規制緩和と自由化の背景には，増加する設立届け出に対し，官公庁が点検と許可を行うのが物理的に困難になったことが挙げられる[8]。

3.2　有限責任をめぐる混乱

　このように会社成立の方法だけをとってみても，その対応は時期，地域によって一様ではなかった。特に混乱に拍車をかけたのは，設立された会社が有限責任か無限責任のいずれかという点であった。これも各地方官庁によって判断はまちまちであった。そのため，当事者に責任の所在の認識が共有されていない場合，会社破綻時などにおいて債権者との間でトラブルが発生した。たとえば，定款で有限責任をうたっていても，それが周知されていないとして，その責任範囲を超えた弁済が株主に要求される事例が発生した（高村 1996）。

　このため，明治初期から中期にかけて，株式会社は詐欺の手段，あるいはビジネスの内容をともなっていないものとして，ときには忌避される風潮にさらされた。資本主義発展のツールとして株式会社を利用するために，責任の範囲と設立方法について，法的安定性をともなった施策が行われる必要があった。

3.3　商法制定の試み

　そこで，1878年には，お雇い外国人のヘルマン・レスラー（独法学者）が来

8　有限責任をめぐる東京府と大阪府の届け出判断の比較については，北浦（2014）が詳細な検証を行っている。

日し，太政官は商法起草を委嘱することとなった。商法の制定は，政府が条約改正や憲法制定を優先したため，遅々として進まなかったが，1890年に公布され，1893年には施行をみた[9]。その内容は，①会社は合名会社，合資会社，株式会社に分類されること，②出資者責任は有限責任であること，③設立の届け出は許可主義に依拠すること，がうたわれた。③はレスラー自身が「日本の現状では，いい加減な株式会社の乱設で人民が財産を失う恐れを防止する必要がある」（高村　1996：175）ために設けられたものであるという。その許可主義も，1899年に商法が改正（新商法）されると，準則主義へと転換され，ここに近代国家として会社制度のインフラが整えられるにいたった。

3.4　会社制度発展の数量分析

　このように日本においては，3つの会社形態が同時に輸入されたため，株式会社制度は導入当初から圧倒的な経済的地位を占めた。資本金への集中度についてみると，1890年代から8割から9割を占め続けている（表3-2）。ただし一方で，会社数における割合に目を向けると，1890年代には，50％を超過したものの，その後低下し続け，1930年代には4割を切っている。

　この背景には，2つの税制改正があった。まず，1899年の所得税法改正では，多額の利益を上げている場合，累進税率の個人企業よりも，定率の法人税率の

表3-2 ｜ 形態別会社数・払込資本金

年	会社数				払込資本金			
	会社数	構成比（%）			合計（百万円）	構成比（%）		
		合名	合資	株式		合名	合資	株式
1896	4,596	7.5	36.3	56.2	397	3.1	6.9	89.9
1900	8,588	9.1	41.4	49.5	779	4.9	5.8	89.3
1910	12,308	20.3	38.9	40.8	1,481	9.5	6.5	84.0
1920	29,917	15.7	30.0	54.2	8,238	7.0	4.6	66.4
1930	51,910	16.4	46.2	37.4	18,693	8.5	6.5	85.0
1939	85,122	17.9	43.0	39.0	34,025	5.5	4.0	90.5

出所：宮本（1990），表5-1より抜粋．

9　英法学者からの反対にあったため，公布から施行に時間を要したという。

方が税負担が少なくなるように変更された。また，1920年税制改正により，「従来非課税であった個人企業が法人より受け取る配当および賞与所得は，他の個人所得と総合して課税されることになった。同時に同じ所得ならば，法人所得よりも個人所得への課税率の方が高くなった。それゆえ，株式などを大量に所有する富裕な家族は，保全会社をつくり，そこに株式などの家産を所有させ，株式配当を保全会社で受け取って，保全会社から所得分配を受ける方が節税となった」(宮本 1990：386)。その後も，以上のような2つの改正と，ディスクロージャーが株式会社よりも厳密ではないという点が影響し，20世紀初頭において，個人企業が続々と，合名会社，あるいは合資会社形態へと衣替えした。

　このため，戦前の日本においては，資金調達を志向する株式会社と，個人の資産保全を目的とする合名・合資会社が併存し，会社制度の「重層的構成」，あるいは「棲み分け」(宮本 1990)の状態にあった。

4　会社設立ブームと出資者

4.1　大阪紡績の設立

　本節では，会社制度草創期に設立された株式会社と出資者の関係について，大規模会社としてスタートした大阪紡績を取り上げてみていこう。そもそも近代産業である紡績業の導入の契機は，輸入綿糸への依存のため，貿易赤字が積みあがっていたことが指摘できる（図3-3）。そのため，国家目標として，綿糸の輸入代替が志向され，1870年代から1880年代にかけて，模範工場の設立，財政的支援（資金貸付）など，近代紡績工場の設立が奨励された。新産業に関する情報が十分に民間に浸透していないなかで，まず官主導で事業を行うことによる，民間へのデモンストレーションが狙いであった。

　ただ，これらの模範工場の多くは失敗に終わった。その原因として，国際水準では1万錘という状況下において，設立された工場は2千錘規模であり，規模の経済性が享受できなかったことが挙げられる。また，国内綿花を原料とし

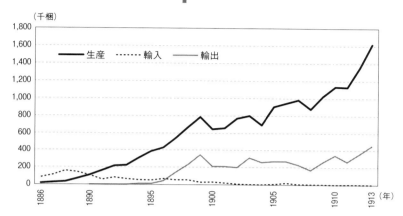

図 3-3 │ 綿糸需給の動向

出所：石井（1991），表45より筆者作成。

て利用するために綿作地に立地したために，労働力が不足しがちであったこと，動力源を水力に頼ったため，操業が不安定であったことなども追加できる。このため，多くの模範工場が業績不振に陥り，1880年代後半には払い下げの対象となった。

　こうしたなかで，1882年に三軒茶屋に大阪紡績が設立された。渋沢栄一の構想のもと，イギリスにおいて実地で紡績技術を学んだ技術者（山辺丈夫）を招聘したうえで，華族や商人などの民間資本を糾合しての資金調達を行い，1万500錘の規模で操業を開始した。同社は，創業時から利益を計上し，好調なスタートをきった。

　その成功の要因としては，①国際水準の生産規模であり，スケールメリットが得られたこと，②市街地に立地することで，労働者の確保が円滑にいったこと，③蒸気機関を用いることで，操業が安定したこと，④資金力・技術力が豊富であったこと，⑤中国綿花を利用することで，低コスト化を実現したこと，⑥リング紡績機を採用することで，生産効率が上昇したこと，などが挙げられる。まさに，競争力は物的資産だけにとどまらない，広義の技術力の選択に依存するのである。大阪紡績の成功に刺激され，1880年代末には会社設立ブーム（企業勃興）が起こり，紡績業における会社数，紡錘数は飛躍的に増加した

図3-4 ┃ 紡績業の発達

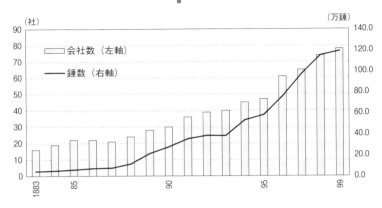

出所：三和・原編（2010），図表3-26より筆者作成。

（**図3-4**）。

　では，このような近代紡績業の成立は，日本経済にいかなる意味をもったのであろうか。その光の部分として，同産業が戦前のリーディングインダストリーとして，高い競争力の発揮したことが指摘できる。上記のようなスケールメリットのほか，国家的バックアップ（輸入綿糸の関税免除）や銀価格の低下（円安効果）などが追い風となり，低コスト化を実現した。この結果，同産業は1880年代には輸入依存であったものが，1890年には輸入代替（国内生産＞輸入）を果たし，そして1897年以降には輸出産業（輸出＞輸入）化するなど，目覚ましい変貌を遂げた。

　ただ，その成功の裏には痛みもともなった。労働力として，女性が酷使され，長時間労働，低い賃金水準，不衛生な職場環境での労働が強いられた。また，財界顔役のプロモーターの勧誘を通して，会社設立が有力資本家グループなどからの共同出資に依ったことは，彼らの発言力を著しく強くした。**表3-3**により，大阪紡績の株主構成を確認すると，華族，商人などの資産家層に出資を依存していることがわかる。さらに，興味深いのは，特定の株主の専制が起こらぬよう，持分が均等に振り分けられている点である。これはほかの会社設立でも観察された現象である。こうした出資形式は，資本家があたかも神社・寺

院に寄進する際に奉加帳に一筆いれるように資金を投じたので，それにたとえて「奉加帳方式」と呼ばれた。こうした資金調達における株式への依存は，近代資本主義初期の大企業設立の一般的傾向であり，それは明治期における6業種を調査した伊牟田（1976）でも確認できる。その調査によると，1897年時点において，総資産のうち払込資本金は5割から7割を占める（表3-4）。まさに，戦前（特に明治から大正期にかけて）は直接金融の時代であったのである。

表3-3　大阪紡績の属性別株主構成（1883年6月末）

区分	華族		大阪		東京		その他		合計	
	株主数	株式数	株主数	株式数	株主数	株式数	株主数	株式数	株主数	株式数
100株〜	3	492			1	536			4	828
50〜99株	6	409	7	373	4	272			17	1,054
20〜49株	4	142	7	197	4	116	2	40	17	495
1〜19株	4	22	42	295	8	78	3	28	57	423
合計	17	1,063	56	865	17	802	5	68	96	2,800
構成比（%）	17.9	38.0	58.9	30.9	17.9	28.6	5.3	2.4	100.0	100.0

出所：加藤・大石（2013），表1-1.

表3-4　資本構成の業種別比較（1897年下期末）

（単位：%）

	食品	化学	煉瓦	セメント	金属	機械
社債	3.39	−	−	10.28	−	−
借入・当座借越	5.17	1.78	9.66	4.47	13.18	2.58
支払手形	7.08	17.72	0.11	10.00	6.00	6.75
買掛金	0.19	0.79	1.11	1.44	0.33	2.32
その他負債	3.99	3.28	2.48	2.35	0.76	14.75
負債合計	19.83	23.64	13.38	28.54	20.27	26.40
払込資本金	64.58	71.06	71.78	53.10	72.46	66.27
積立金	8.48	4.56	7.61	7.23	6.08	1.56
前期繰越金	7.10	-0.16	0.36	0.18	0.48	-0.05
当期純利益		0.90	6.88	10.94	0.73	5.82
自己資本合計	80.16	76.36	86.62	71.46	79.73	73.60
有形固定資産	58.91	65.94	56.85	55.55	57.06	54.13
総資産	100.00	100.00	100.00	100.00	100.00	100.00
対象社数	15	7	8	4	5	5

出所：伊牟田（1976），表30.

4.2　なぜ株式が優位であったのか？

　では，なぜ株式による資金調達が主流であったのか。その理由の1つとして，「大きな所得格差」という点が挙げられる。所得格差を表すジニ係数を追跡してみると，（調査方法によって数値は異なってくるが），戦後が3程度であるのに対し，戦前は4から6程度と高く（かつ，ますますその数値は高まっていき），戦前の所得格差は大きかった（南 1996）。そのため出資は，大衆資金の動員は期待できず，一部有力資産家に依存せざるを得ない状況であった。

　また，当時の商法において，「株主への強い法的権限」が認められていた点も，資本家が出資する際の拠り所となった。戦前の株主総会では，戦後のような取締役の選任・解任，報酬決定のみならず，彼らの業務執行も拘束できた。まさに株主総会は「万能の機関」であり，こうした会社運営のあり方は，「株主総会中心主義」と称される（淺木 1999）。

　さらに，「銀行による株式投資のバックアップ」も大きかった。具体的には，銀行は投資家の保有株式を担保とした融資に積極的に応じた（「株式担保金融」）。銀行にとっては，設立間もなく，先行きが読めない会社よりも，資産家層に融資した方が安全であると判断したのである。戦前の金融市場は，表面的には直接金融であったが，実態としては間接金融体制とも捉えられる側面を有していた。

4.3　株主主権の功罪

　こうした株主への資金依存は，強い株主主権をもたらし，それは戦前のコーポレート・ガバナンスを特徴づけた。株主主権のメリットとしては，株主・経営者間のエージェンシー問題の解消が期待できるという点がある。特に戦前においては，株主が取締役として経営に参画し，株主の立場から会社経営のモニタリングを行った（岡崎 1994）。今日の社外取締役のような役割を果たしたのである[10]。

　ただ，株主主権はときには逆機能化し，企業経営を誤った方向に向かわせることもあった。実際，大阪紡績も含め，多くの企業が高い社外流出に苦しめられた（表3-5）。たとえば，宮本・阿部（2005）でも，創立初期の大阪紡績に

表3-5 ┃ 大阪紡績の利益金処分

年次	利益金 (円)	減価償却 (円)	積立 (円)	役員賞与 (円)	配当 (円)	対払込資本利益率 (%)	対旧株配当率 (%)	対払込資本配当率 (%)	株式相場 (円)	配当性向 (%)
1883 下	11,191	–	2,000	1,119	7,950	8.4	6.0	6.0	(払込み100円)	71.0
1884 上	44,287	1,026	13,300	4,428	25,200	31.6	18.0	18.0		56.9 (58.3)
下	45,812	2,000	13,743	4,581	25,200	20.9	18.0	15.0		55.0 (57.5)
1885 上	17,757	500	2,700	500	14,000	6.8	10.0	5.4		78.8 (81.1)
下	25,495	1,000	5,000	2,549	16,800	9.1	12.0	6.0		65.9 (68.9)
1886 上	34,525	1,082	5,275	2,417	25,500	11.5	8.5	8.5	117~335	73.9 (76.2)
下	88,641	1,800	26,600	62,000	48,000	29.5	16.0	16.0		54.2 (55.3)
1887 上	152,534	5,000	45,800	10,600	78,000	50.3	26.0	25.8	210~267	51.1 (52.9)
下	200,844	–	61,600	14,060	102,000	60.8	34.0	30.9		50.8
1888 上	210,366	–	123,000	14,700	108,000	56.1	36.0	28.8	224~240	51.3
下	166,414	–	55,000	11,600	90,000	31.7	30.0	17.3		54.1
1889 上	141,839	–	47,500	9,900	81,000	24.9	27.0	14.2	223	57.1
下	177,030	1,500	55,000	12,400	120,000	29.5	20.0	20.0		67.8 (68.4)

出所：高浦 (1994), 表5-16.

おいて，個人大株主が株主総会に出席し，経営陣に対し配当政策や株価の動向について糾弾していた様子が描かれている。日本企業全体でも，配当性向は1920年代から1930年代には7割から8割にも達した。戦後の配当性向が4割程度で推移したのとは大きな違いである（**第8章**）。こうした配当支払いのために，減価償却や中長期な投資が犠牲になることもしばしばで，戦前日本企業は短期視野的経営にさいなまれていた。たとえば，山陽鉄道のケースでは，車輌を転売して配当金増加に充てることもあったという（高村 1996：169）。戦前の経験から，行き過ぎた株主主権は，ときに近視眼的視野での経営をもたらし，企業成長を阻害するということを忘れてはならない。

5　データ分析紹介：
株主総会の所要時間とパフォーマンス

5.1　データと推計モデル

　戦後の株主総会は，「シャンシャン総会」とも揶揄されたように，経営者は株式持ち合いに守られていたため投資家からプレッシャーを受けることなく，通り一遍の内容で短い時間で終了したことが知られている。それに対し，株主権限が強かった戦前（特に明治から大正にかけて）の株主総会は，どうであったのであろうか。ここでは，上記で紹介した大阪紡績会社のデータを利用し，株主総会の時間と業績の高低との関係性を分析した結城（2011）を紹介しよう。分析期間は1893年から1914年の総会である。データソースは，会議時間は「大阪紡績株主総会会議録」（東洋紡績株式会社所蔵），財務データは同社営業報告書，株価データは『大阪朝日新聞』より取得している。被説明変数は会議時間（分），説明変数は株価，利益率のパフォーマンス指標と，合併ダミー，増資ダミーの議案事項である（**表3-6**）。

10　たとえば，岡崎（2017）では，戦後，東芝，第一生命で社長を務めた石坂泰三が取締役会に臨む心境について，「当時私は重役会に臨む場合には，とにかく学生が試験でも受けるような感じがしたもので，割合によく勉強し調べたのであった」との寄稿文を紹介し，戦前における社外取締役が実効性のあるモニタリングを行っていたことを紹介している。

表 3 - 6 ┃ 変数の定義（表 3 - 7 パネル B のケース）

変数		定義
被説明変数	会議時間	株主総会の時間（分）
説明変数	株価	（大阪紡績の株価）／（業界の平均株価）
	資本金利益率（当期利益／払込資本金×100）	（大阪紡績の資本金利益率）／（業界の平均資本金利益率）
	合併ダミー	他社との合併が議案にあった場合＝1，なかった場合＝0
	増資ダミー	増資が議案にあった場合＝1，なかった場合＝0

　分析の焦点はもちろん，総会の所要時間とパフォーマンス指標の関係である。仮に業績が低迷し，その原因についての経営陣からの説明，投資家からの質疑が多くなるようならば，利益率や株価の係数は，会議時間に対し，負の値を取るであろう（これらパフォーマンスが低迷するほど，会議時間は長くなる）。もっとも，ここで「パフォーマンス」と一言でいっても，当該企業の指標そのものと，同業他社と比べて，という2通りの考え方がある。たとえば，当該企業のパフォーマンスが悪くとも，同業他社に比べて優れているならば，株主からの追及も弱まるかもしれない。逆に，株主がそのような相対的な評価を行わず，当該企業の指標にしか関心を示さない場合，パフォーマンスの同業他社との差は会議時間に対して有意にならず，当該企業のパフォーマンスの絶対値しか影響を与えないであろう。

5.2　推計結果

　分析結果は表 3 - 7 のとおりである。パネル A が会議時間に対する当該企業のパフォーマンスそのもの，パネル B が同業他社との比較に数値を変換した結果となる。モデルの当てはまりを確認すると，パネル A は R 2 が0.334，パネル B が0.224なので，挿入された4つの変数で，大阪紡績会社の総会時間の動きを2割から3割程度捉えられていることになる。F 値も3を超えており，説明変数の係数のすべてがゼロとする帰無仮説を棄却できる（つまり，いずれかの説明変数は会議時間に影響を与えていると判断できる）。

　変数個々の効果についてみてみると，株価と利益率が負の係数を取っている。

表3－7 ┃ 雇用経営者期（1898-1914年）の会議時間と業績指標の関係

パネルA：自社業績

説明変数	被説明変数＝会議時間（推計方法：OLS）					
	係数	t値	p値	F値	R^2	自由度
株価	❶ -0.006	-2.049	❷ 0.048			
資本金利益率	-0.045	-2.138	0.040			
合併ダミー	-0.249	-0.873	0.389			
増資ダミー	-0.015	-0.050	0.944			
定数項	1.692	9.271	0.000	❹ 5.639	❸ 0.334	33

パネルB：業界比較

説明変数	被説明変数＝会議時間（推計方法：OLS）					
	係数	t値	p値	F値	R^2	自由度
株価	-0.094	-0.559	0.582			
資本金利益率	-0.202	-1.875	0.070			
合併ダミー	-0.032	-0.108	0.915			
増資ダミー	0.022	0.091	0.928			
定数項	1.981	6.526	0.000	3.672	0.224	33

❶ 符号はマイナス→株価が下がると、会議時間は伸びる。
❷ P値は4.8%→5％水準で有意。
❸ 挿入された4つの説明変数で会議時間の動きの33.4%を捉えている。
❹ 基準値（＝2）を超えているので、説明変数のすべてがゼロという帰無仮説を棄却できる（＝このモデルには意味がある）。

出所：結城（2011），表4.

いずれも5％水準で有意である（パネルA）。すなわち，これらパフォーマンスが低下すると，その決算期の総会時間は長くなったと解釈できる。その効果を測定すると，株価の1円と利益率の1％の低下は，それぞれ0.006分，0.045分だけ総会時間を延ばした。パフォーマンスの低迷が，同社の株主・経営者間の緊張関係を高めたことがうかがいしれる。

　もっとも，説明変数を業界平均との差の変数に置き換えてみると，株価は有意にならず，利益率しか影響を与えていない（10％水準で有意。パネルB）。株主は財務数値については，自社の水準にととまらず，業界の状況にも目を向けたものの，直接自身の利得と関わってくる株価については，同社の絶対値しか問題としなかったと推察される。株価の側面に関しては，当時の個人大株主は近視眼的（myopic）な性質を備えていたとも解釈できよう（なお，いずれのパネルでも，合併ダミー，増資ダミーは有意な結果が得られておらず，これらの議題は総会時間の長さを左右しなかったものとみられる）。

6　株主主権の評価

　本章では，会社制度の類型とそれぞれの特徴について確認したのち，明治期以降における株式会社制度の導入と展開過程について検討してきた。そこでは，株式会社の導入はスムーズに進まず，会社という制度に対する国民の認識と情報が乏しかったため，出資者の責任と会社設立の際の届け出の方法をめぐって，しばしば混乱がみられたことが示された。ただ，19世紀末になると，商法が制定され，法的インフラが整えられるとともに，紡績業を中心に会社設立ブームが起こり，いくつかの会社が成功を収めたことから，会社制度に対する不安感も払拭されていき，今日にみられるような有限責任，準則主義という特徴が浸透するにいたった。

　もっとも，株式会社制度の定着は新たな問題を引き起こした。資本の偏在（＝資本家の存在）や強い株主の法的権限（＝株主総会中心主義），あるいは株式を担保とした銀行貸し付け（株式担保金融）が背景となって，企業経営に対する株主の発言力が強くなる傾向があった。これはエージェンシー問題の緩和

に寄与した反面，利益の過度な社外流出を促し，企業経営の長期発展を阻害することもあった。実証分析では，株主の投資先企業への対応は，その収益指標によって異なった。すなわち，株主総会時間の決定要因の分析結果からも明らかにように，当時の株主は財務指標に関しては同業他社との比較も含め，客観的な判断を下した一方で，株価パフォーマンスには絶対値しか関心を示さず，近視眼的な投資態度を有していた。

　以上の検証から，当時の企業経営者がいかに自社の株価水準に気を払わざるを得なかったか理解できよう。もっとも，戦前の大企業には，そうした短期的な市場の圧力から解放されていたグループも存在した。財閥本社によって支配管理された傘下企業である。次章では，「日本的経営の源流」ともいわれる，財閥の特徴，機能，パフォーマンスについて検討していこう。

COLUMN 3

株式取引と株式分割払込制度

　1878年に東京株式取引所，大阪株式取引所が設立されて以来，わが国でも株式上場制度がスタートした。当初の株式の売買制度としては，「現場取引」（株式と代金引き渡しを同時に行う方法）と「定期取引」（一定期間内に受け渡しを行うが，その間に転売，および買戻しが可能で，期日に株式の受け渡しとその間の差金決済を行う＝今日でいう「先物取引」）があった。これらはその後（1922年），前者は「実物取引」，後者は「清算取引」に名称変更された。実物市場の銘柄の規模は大きかったが，売買回転率はそれほど高くなく，清算市場の方が圧倒的に売買高が大きかった（岡崎ほか 2005）。ここから，株式取引所は「官許の賭博場」とも呼ばれた（片岡 1987）。

　こうした上場銘柄を含む，株式への払い込みは，独特の制度が採用された。「株式分割払込制度」である。これは株主が払込金額を一度にではなく，数度に分けて払い込んでいく制度である。1870年代の国立銀行設立の際に利用されたのが嚆矢で，その後商法128条（1899年）で4分の1の払い込みをもって，会社設立が許可されたことから，全国的な広がりを見せた。同制度の要点は下記のとおりである（野田 1980；青地 2006；齊藤2016）。

　　① 全額払込みが済んだ株式を「旧株」，払込みが済んでいない株式を「新株」と呼び，未払込みの部分は，貸借対照表の資産の部に計上された。

② 原則，新株の払込みが全額済まないうちは，増資は認められなかった。
③ 追加徴収には株主の同意は必要なく，払込みに「強制性」があった。
④ 払込みに株主が応じられない場合，同株式は失権し，競売にかけられた。
⑤ 配当は払込金額に応じて支払われたが，議決権は額面通りに与えられた。

　以上のような株式分割払込制度は，戦前期の日本企業や資本主義にとって，どのような意味をもったのであろうか。その１つは，相対的に少ない元手でも株式投資が可能となるため，金融資産の蓄積水準が低い当時の状況下において，出資を促し，企業の資金調達や設備投資を円滑化したという点である（南條・粕谷 2009）。その一方で，同制度は徴収に強制力があったため，不良企業によってそれが実行され，不採算企業の過剰投資や延命につながることもあったという。特にこうした現象は，1920年代の不況局面に顕著となった（齊藤 2016）。株式払込分割制度は，戦後において GHQ の指示によって廃止されまで，継続した。

COLUMN 3：図 ▌ 公称資本金の内訳

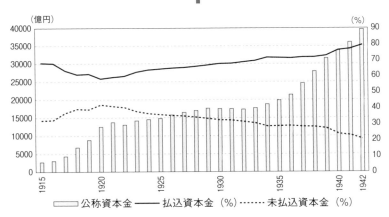

出所：商工大臣官房統計課『会社統計年表』より作成。

第 **4** 章 | 財閥：ファミリービジネス と持株会社

Summary

　　近代日本の資本主義化の過程において，「財閥」は大きな貢献を果たした。財閥はファミリーによる支配の下で，多角的なビジネスを管理するために，持株会社制度を採用した。そして，持株会社は，傘下企業をモニタリングするとともに，子会社間の資源配分を行うという内部資本市場として機能した。もっとも実証的には，財閥組織に属することが当該企業のパフォーマンスに与える影響は定かではない。今後，データセットや変数などを拡充したうえで，再検証を行うことが求められる。

Key Words

　　内部資本市場，持株会社，専門経営者，エージェンシーコスト，エントレンチメント，ダミー変数

1　ファミリービジネスのプレゼンス

　現在，経営学やビジネスの実務において，ファミリービジネスへ高い関心が寄せられている。その背景には，ファミリービジネスの経済における高いプレゼンスがある。たとえば，La Porta et al. (1998) は，世界各国の所有構造を調査し，大陸ヨーロッパ，南アメリカ，アジア諸国を中心に家族支配[1]の企業が上場企業のうち大きなウェイトを占めている状況を明らかにしている。

1　同研究では，当該企業に対して20％以上の株式を保有している場合，家族支配と定義している。

　日本においても，経済におけるファミリーの存在は大きい。齋藤（2008）の1990年の上場企業を対象とした調査では，①創業者一族が首位株主，あるいは②経営執行者（会長もしくは社長）のいずれかに該当する企業は，20％超に達することが報告されている。このようなファミリービジネスは，経済発展の原動力，もしくは不祥事の温床として，正負双方の側面から，高い注目を集めている。

　いつの時代とでもいうべきか，戦前のファミリービジネスも，当時の社会から毀誉褒貶する評価を受けてきた。いわゆる「財閥」である。その産業や経済に対する独占力を行使して，高い利益率を享受してきたという批判がある一方で，階層的な組織を整備し，グループの経営効率を維持したとの声もある。

　また，財閥の特徴で看過できないものとして，多角的に展開したビジネスを管理統括した持株会社の存在である。今日，「ホールディングス」や「グループ本社」などの名称で持株会社の設立が相次いでいる。下谷・川本（2020）の調査によれば，移行社数は増加の一途をたどり，直近では全上場企業の15％が持株会社体制を採用しているという。戦後，持株会社は，独占禁止法9条において，1997年の解禁にいたるまで，その設立が禁止されてきたが，その背景となったのが，戦後改革期における「財閥の復活」阻止を目的としたものであった。財閥はいかに持株会社体制を作り上げ，それはどのように機能したのであろうか。本章では，戦前の財閥をテーマに，ファミリービジネスと持株会社体制の歴史，特徴，成果について検討していく。

2　財閥の特徴と発展

2.1　財閥とは

　そもそも「財閥」とは，いかなる組織体を指すのであろうか。この言葉は，大正の中頃から財を蓄積した特定の同族を指す用語として書籍で現れ，1920年代後半には新聞や経済雑誌で三井や三菱を指す用語として定着していったという（下谷 2021）。諸説いろいろあるが，いずれにせよ，ジャーナリスティック

に用いられたのが起源であり，学術的な分野から生まれた用語ではなかった。そのため，財閥に関する研究が進むにつれ，ファミリーの支配の程度，経済や産業における独占度，あるいは多角化の度合いなどの観点から，その定義についてさまざまな論争がなされることになった。その経緯について確認していくことも興味深いが，ここではひとまず，ファミリーによる支配とグループ展開を要件として，財閥を「富豪家族によって所有・支配された企業集団・グループ」としておく[2]。

　では，財閥には，どのような集団が含まれるのであろうか。もっともポピュラーなのは，三井，三菱，住友，安田（戦後の富士グループ）の4大財閥であろう。また，戦後の財閥解体に関わった持株会社整理委員会（Holding Company Liquidation Commission：HCLC）の調査では，これに，古河，日産，大倉，野村，浅野，中島（今日のスバル）の6つのグループを加え，10大財閥としている。終戦時の全国の払込資本金に対する集中度でみて，4大財閥で4分の1，10大財閥で3分の1を占めたと報告されている（第9章）。その内実はともかく，わずか数個のグループで，圧倒的な一般集中度を示していたことが理解できる。

　このほか，いわゆる「地方財閥」と呼ばれる，地域に根差したファミリービジネス，財閥の傘下企業で，自らが複数の子会社を保有する大企業なども，時には財閥やコンツェルンとされることがある。いずれにせよ，財閥と一言で表現しても，多種多様な集団が含まれることになる。個々人によってイメージが異なるため，それらについて言及する際，どのようなタイプや範囲のグループを取り上げるか，明らかにしてから考察を進めることが肝要であろう。本章ではさしあたり，財閥として異論がないであろう三井，三菱，住友の3つのグループを中心にして論を進める。

2　財閥の定義については，これまで論争が繰り広げられてきた。もっとも議論となったのは，森川英正氏が提示した「富豪の家族・同族の封鎖的な所有・支配下に成り立つ多角的事業体」（森川 1978：16）という定義と，安岡重明氏による「家族または同族によって出資された親会社（持株会社）が中核となり，それが支配している諸企業（子会社）に多種の産業を経営させている企業集団であって，大規模な子会社はそれぞれの産業部門において寡占的地位を占める」（安岡 1976：14）という定義であった。特に傘下子会社の各産業における影響力が論点となった。この論争に興味がある読者は，橘川（1996），武田（2020a）を参照されたい。

2.2 財閥の特徴

(a) 大企業部門における位置づけ

本論に入る前に，戦前期の大企業部門における財閥の立ち位置について整理しておきたい。株式会社制度草創期における会社設立の方法は，大きく分けて2つあった。その1つは，複数の富豪・華族の出資によって設立される「共同出資」型である。前章でみた大阪紡績はこれに該当する。もう1つは，特定の同族グループの出資によって設立されるタイプである（宮島 2004）。本章でみていく財閥は，こちらに該当する。このタイプは「3大財閥系企業」に代表され，後述するように「封鎖的所有」と「所有と経営の分離（＝専門経営者の登用）」を特徴としていた。川本・宮島（2008）は，戦前期日本企業の統治タイプについて調査しているが，1933年時点において「3大財閥系企業」は17.0％を占め，それらが大企業部門において重要な一角を占めたことがわかっている（図4-1）。

図4-1  大企業の統治タイプ

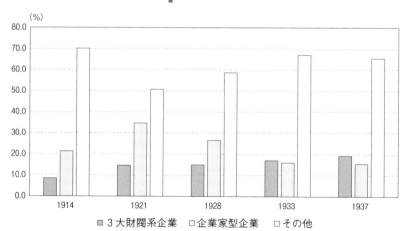

注1：サンプルは1914年は47社，1921年は75社，1928年は87社，1933年は88社，1937年は78社。
注2：統治構造のタイプの定義は以下のとおり。
　　　3大財閥系企業：傍系企業を含む。
　　　企業家型企業：首位株主と経営執行者が一致する企業。
出所：川本・宮島（2008），表12-1より作成。

(b) ピラミッド型構造

　まず，財閥の基本的特徴について確認していこう。これには大きく分けて，3つ挙げられる。第1は，それの多くが，同族－持株会社－傘下企業群から成る，ピラミッド型の組織構造をとっているという点である。たとえば，三井財閥の場合，頂点に三井同族が君臨し，そのファミリーが持株会社を保有することで，その支配が子会社，さらにはそれらの傘下企業へと支配が広がっていっていることがわかる（図4-2）。

　ではなぜ，ファミリーが子会社を直接保有せず，その両者の間に持株会社を介在させたのであろうか。その理由として，①多角化の進展にともない，各事業に自立性を与え，分権化を進めるために，子会社化し，それらの株式を持株会社で管理する必要性があったことが指摘できる。また，②各事業へのファミリーの直接的介入を排除するため，緩衝材として専門経営者によって運営される持株会社を挟んだともいわれている（武田 2020a；2020b）。さらに，③日露戦後の税制改正や第1次世界大戦期の戦時利得税の創設により，個人企業よりも法人形態の方が税制上有利であることが背景となり，個人所有の形態であった財閥が法人形態に移行したとの説もある（武田 2020a；2020b）[3]。いずれにせよ，1920年前後に各財閥は，次々に持株会社を設立し，傘下企業群を管理統括する組織を形成していった（表4-1）。

3　この際，多くの財閥は上記の税制上の利点を活かしながら，ディスクロージャーの点で限定的な合名（あるい合資）会社の形態を採用した。

図4-2 ▎三井系諸会社系統図（1928年頃）

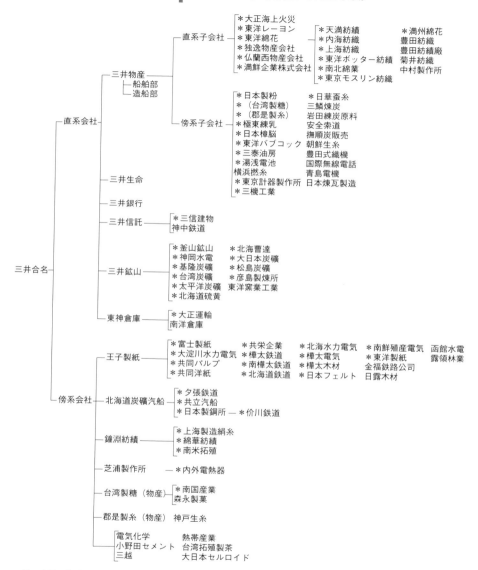

注：直系・傍系の子会社のうち，＊印は支配力が大体決定的なもの，無印は同じく準支配的なもの。
出所：高橋（1930a），50頁.

表4−1 ┃ 財閥の持株会社設立

時期	財閥	会社形態
1909	三井合名	合名
1912	保善社	合名
1914	浅野合資	合資
1916	岩井本店	合資
1917	三菱合資	合資
1917	古河合名	合名
1918	大倉組	合名
1918	浅野同族	株式
1920	川崎総本店	合資
1920	松商会	合名
1920	久原本店	合名
1921	住友合資	合資
1922	野村合名	合名
1923	鈴木合名	合名

注：三菱と大倉は持株会社の機能を持った時期。
出所：橘川（1996），表2−1より作成。

(c) 封鎖的所有

　ついで，ファミリーによる株式保有の特徴についてみていこう。**表4−2**は，各財閥が持株会社を設置した，1920年代における傘下企業（鉱工業）に対する本社，あるいはグループでの持株比率を集計したものである。やはり三井鉱山，三菱造船など，3大財閥の直系企業に関しては，ほぼグループによって所有されており，支配権が貫徹されていたことがよくわかる。それに対し，傍系企業に対する持株比率は必ずしも高くなく，またこの期間，低下傾向にあった。武田（2020a；2020b）でも指摘されているように，すでにこの時点から，直系企業や新設企業の投資に対し，傘下企業からの本社への配当収入だけでは追い付かず，それら株式の売却資金が充当されたものと推察される。

　3大財閥以外の状況についても確認しておくと，封鎖的所有が守られている古河から，浅野，川崎＝松方，久原（日産）などのように相対的に株式が分散していた企業まで多様であった[4]。また，大倉の製糖分野のように，1920年代後半には撤退しているケースもある。すなわち，封鎖的所有という特徴は必ず

表4-2 ▎財閥本社（グループ）による傘下企業の持株比率（鉱工業，1920年代）

（単位：%）

財閥	会社名	属性	1921			1928		
			株主数	本社	グループ	株主数	本社	グループ
三井	三井鉱山	直系	－	－	－	－	－	－
	芝浦製作所	傍系	148	53.4	53.4	224	56.3	56.3
	大日本セルロイド	傍系	－	－	－	403	27.9	27.9
	王子製紙	傍系	4,285	31.0	31.0	5,702	24.0	24.0
	小野田セメント	傍系	－	－	－	3,372	10.0	11.2
	鐘淵紡績	傍系	6,921	7.3	7.3	16,165	5.3	5.3
	北海道炭砿汽船	傍系	5,344	19.6	43.9	4,892	19.7	44.1
	電気化学工業	傍系	1,731	7.3	7.3	3,530	6.9	6.9
	日本製鋼所	傍系	30	12.1	73.2	26	12.5	73.5
	日本製粉	傍系	2,076	0.0	0.0	3,239	0.0	42.7
三菱	三菱造船	直系	19	98.6	100.0	20	98.6	100.0
	三菱製鉄	直系	17	93.0	100.0	18	87.9	100.0
	三菱鉱業	直系	7,648	60.9	64.0	6,486	58.4	64.0
	三菱電機	直系	8	100.0	100.0	6,486	58.4	64.0
	旭硝子	傍系	377	0.0	78.5	359	0.0	87.2
	麒麟麦酒	傍系	601	0.0	18.6	1,066	0.0	13.4
	三菱製紙	傍系	－	－	－	9	－	－
	九州炭砿汽船	傍系	224	0.0	53.5	309	0.0	57.2
住友	住友製鋼所	直系	－	－	－	14	89.9	100.0
	住友伸銅鋼管	直系	－	－	－	－	－	－
	住友電線製作所	直系	22	100.0	100.0	－	－	－
	日米板硝子	傍系	155	12.5	12.5	145	20.7	27.7
	日本電気	傍系	58	0.0	20.9	－	－	－
安田	帝国製麻	傍系	4,244	12.0	13.3	7,926	10.5	12.8
大倉	新高製糖	傍系	1,802	20.4	23.0	2,932	0.0	0.0
古河	古河鉱業	直系	25	100.0	100.0	21	98.1	100.0
浅野	浅野セメント	直系	2,882	31.0	34.4	12,795	0.0	28.7
川崎＝松方	川崎造船所	直系	10,357	23.6	23.6	17,533	0.0	8.8
久原	久原鉱業	直系	14,277	24.3	29.2	16,702	15.7	23.9

注：10大株主（あるいは12大株主）の集計。
出所：東洋経済新報社『株式会社年鑑』，各社営業報告書。

4　これら企業は，経営者の自社株保有率が高かったことから「企業家型企業」とも呼ばれている（宮島 2004；川本・宮島 2008）。残念ながら，本書ではこれらの企業群について，紙幅の都合から，十分に扱うことができなかった。

しも財閥全体に共通する特徴ではなく，また典型的な財閥においても，外延部分に関しては公開度が高かったものと捉えられよう。

(d)　多角化度

　また，傘下部門の産業的な広がり（いわゆる「多角化度」）についても，財閥ごとによって異なった。**表4-3**は，橘川（1996）による第1次世界大戦前後の各財閥の進出分野をまとめたものであるが，早くから鉱業，製造，流通，金融の4分野に進出していた3大財閥に対し，この時期に急速に多角化を進めた鉱業，製造業，流通業系の財閥，そして主に金融にとどまった安田，野村と，進出の時期，範囲にばらつきがあることがわかる。

　以下では，データ分析の観点から，別の角度から財閥の多角化度を探ってみよう。企業の多角化度を表す指標として，ハーフィンダール指数というものがある。

$$ハーフィンダール指数 = 1 - \sum_{i=1}^{n}[P_i \times P_i] \tag{1}$$

　ここでPは各部門の全体（資産や売上高）に占める割合を示す。これを部門ごとに2乗し，1からn部門まで足していき，それを1から引いたものが多角化度となる。たとえば，1部門しかない企業は，この値がゼロとなり，多角化度が高まっていくほど，1に近づいていく。各財閥の多角化度を指標化するために，武田（2020a）に掲載されている業種ごとの傘下企業の資産額を用いて，ハーフィンダール指数を試算してみたのが**表4-3**である。1896年，1914年，1919年，1929年の4時点をとっている。それによると，三井，三菱は徐々に多角化度を高めていき，1920年代にも0.7を超える水準を維持しているのに対し，住友は逆に多角化度を下げていき，1920年代には「選択と集中」を顕著にしている。1920年代には金融恐慌による大銀行への預金集中で銀行部門の資産が大きくなった反面，従来からの分野である鉱業，金属，鉄鋼の投資額の伸びが鈍かったことがその背景になっていると推察される。

表4-3 ▌第1次世界大戦前

1908年以前の主たる事業基盤	コンツェルン名	鉱業		製造				
		石炭	金属	繊維	製糸	窯業	化学	製鉄
総合	三井	△	△	△	△	△	○	○
	三菱	△	△		△	△	○	○
	住友	△	△			○	○	△
鉱業	古河	△	△				○	
	久原		△					○
製造	浅野	△	○			△		○
	川崎=松方							○
流通	大倉	○	○					○
	鈴木	○					○	△
	岩井			△	○		○	○
金融	安田	×		△				
	野村							

注1：1909年から1923年の状況を示した。○は進出，△は継続，×は撤退を，それぞれ意味する。
注2：直系会社ないし傍系会社の子会社の動向も含む。
注3：各業界における影響力かきわめて小さい事業活動については，表示しなかった。
出所：橘川（1996）。表2-3.

(e)　専門経営者の登用

　さらに，特に3大財閥系企業において，専門経営者の登用が積極的に図られたことも重要である。それら人材は明治初期から中期には，官庁や他企業からのヘッドハンティングによって，それ以降は，帝大，高等商業学校の学卒者によってまかなわれた。特に後者は，本社による一括採用ののち，傘下企業に派遣され，OJT（On-the-Job Training）によって現場の知識を習得した。そして，各子会社で実績を残した経営者は，本社に吸い上げられ，グループ全体の管理のために用いられた。ここで興味深い点は，早くからグループ内における

後の各コンツェルンンの多角化

			流通		金融						
造船	電機	その他機械	商社	海運	銀行	保険	証券	鉱業	製造	流通	金融
○	△		△	△	△	○		△	△	△	△
△	○	○	△	△	△	△		△	△	△	△
		○			△			△	△		△
	○		○		○			△	△	○	○
○	○		○	○		○		△	○	○	○
○		○	○	△	○	○		△	△	○	○
△		△		○	△	○			△	○	○
			△					○	△		
○			△	○		○		○	△		○
			△						△		
					△	△		×	△		△
			○		○		△			○	△

労働市場，あるいは経営者市場が形成されていたという点である。財閥におい
ては，長期的な視野で人材育成が意識されていたのである。また，支配権は
ファミリーが握るものの，経営は専門経営者に委ねられたことも特筆に値する
（つまり，「所有と支配は一致」した反面，「所有と経営は分離」していた）。こ
れは世界のファミリー企業のなかでも特異であり，後述のようトップ・マネジ
メントの人材面に関して，ファミリービジネスの限界の克服が図られていたの
である。以上の点については，**第5章**で詳細に検討する。

表4-4 ｜ 財

パネルA：現数値

産業部門	1896			1914		
	三井	三菱	住友	三井	三菱	住友
鉱業	8,129	6,638	6,222	57,692	13,719	11,017
金属			357			5,138
鉄鋼				29,125		
輸送機械		2,056			1,125	
電機・機械				5,147		
化学						
窯業	295			3,808		
紙パルプ	1,230			13,968		
繊維	3,284			40,285		
水産・食品				3,012	3,066	
海運		1,830	386		73,189	34,694
商事	5,447		348	17,255	7,026	
銀行	34,257	11,114	2,133	131,777	66,798	83,461
合計	52642	21638	9446	302069	164923	134310

パネルB：ハーフィンダール指数の計算

産業部門	1896			1914		
	三井	三菱	住友	三井	三菱	住友
鉱業	0.0238	0.0941	0.4339	0.0365	0.0069	0.0067
金属			0.0014			0.0015
鉄鋼				0.0093		
輸送機械		0.0090			0.0000	
電機・機械				0.0003		
化学						
窯業	0.0000			0.0002		
紙パルプ	0.0005			0.0021		
繊維	0.0039			0.0178		
水産・食品				0.0001	0.0003	
海運		0.0072	0.0017		0.1969	0.0667
商事	0.0107		0.0014	0.0033	0.0018	
銀行	0.4235	0.2638	0.0510	0.1903	0.1640	0.3861
HI指数	0.5375	0.6259	0.5107	0.7402	0.6299	0.5389

注：HI指数はハーフィンダール指数を表す。定義については本文参照。
出所：パネルAは武田（2020a）、表1-13.

閥の投資分野

(単位:千円)

	1919			1929	
三井	三菱	住友	三井	三菱	住友
132,562	67,980	20,748	101,620	101,186	41,104
		28,836			4,124
41,057	46,942	11,033	85,983	41,413	14,360
	167,752			151,802	
22,134			33,701	42,382	
24,831			52,160		
7,954			35,103	24,123	
46,673	11,261		154,228	18,470	
84,316			168,732		
53,519			109,539	113,054	
	232,134	132,658		187,859	140,820
516,754	44,843		487,180	146,132	
477,269	292,927	554,086	866,940	751,240	818,409
1407069	863839	747361	2095186	1577661	1018817

	1919			1929	
三井	三菱	住友	三井	三菱	住友
0.0089	0.0062	0.0008	0.0024	0.0041	0.0016
	0.0000	0.0015			0.0000
0.0009	0.0030	0.0002	0.0017	0.0007	0.0002
	0.0377			0.0093	
0.0002			0.0003	0.0007	
0.0000			0.0003	0.0002	
0.0011	0.0002		0.0054	0.0001	
0.0036			0.0065		
0.0014			0.0027	0.0051	
	0.0722	0.0315		0.0142	0.0191
0.1349	0.0027		0.0541	0.0086	
0.1151	0.1150	0.5497	0.1712	0.2267	0.6453
0.7339	0.7631	0.4164	0.7555	0.7302	0.3338

全体に占める割合(=41104/1018817)を2乗したもの

上記の比率を合計し,1から引く=ハーフィンダール指数(多角化度)

3　多角化と組織整備：三菱のケース

　以下では，財閥の生成と発展のイメージを得るために，三菱財閥の事例について紹介しておこう。

3.1　起源と政商活動

　三菱財閥の創業者・岩崎弥太郎は，1835年，土佐藩（いまの高知県）の下級武士として生まれた。長じて，同藩の要職にあった吉田東洋の知遇を得て，江戸に遊学し，幕末には後藤象二郎に重用され，土佐藩の貿易活動を取り仕切るようになった。維新後の1870年には，九十九商会を発足し，後藤の手引きにより，土佐藩の事業を安価に引き継ぎ，海運業を開始した（同商会は，1873年には三菱商会へと，1875年には郵船汽船三菱会社へと改称された）。

　発展の契機は戦役にあった。佐賀の乱，台湾出兵（1874年）の軍事輸送を担当し，利益を蓄えるととともに，政府とのコネクションを深くしていった。いわゆる「政商」として頭角を現したのである。その後も政府の厚遇は続き，政府の海運業保護政策のもと，政府補助の対象ともなり，三菱の同事業は発展を続けた。

　ただ，こうした政府との蜜月の関係には，落とし穴があった。明治14年の政変（1881年）によって，三菱に近かった大隈重信が失脚すると，反対勢力の渋沢栄一，品川弥次郎らの反撃にあい，半官半民の共同運輸が設立（1882年）され，三菱の海運業にぶつけられた。両社はしのぎを削り，チャーター料の引き下げ競争に入り，それは消耗戦の様相を呈してきた。そのため，海外資本に付け入る隙を与えることをおそれた政府は仲介に入り，結局，両社は合併し，日本郵船が設立（1885年）された。三菱は，大株主として残るものの，海運業の経営から身を引くこととなったのである。

　三菱に限らず，政商活動には大きなリスクがつきまとった。三井のケースでも，三井銀行（1882年設立）は官金扱いで大きな利潤を得た反面，有力政治家への放漫な貸し出しで，多額の不良債権を抱えた。さらに，「抵当増額令」

（1882年）によって，預り金の抵当の引き上げを余儀なくされ，ここに三井銀行の経営は行き詰った。最終的には，外部登用の中上川彦次郎の外資導入による不良債権の整理，官金取り扱いからの撤退が断行された。いわば，政商が財閥に脱皮するためには，政府との関係の清算は必然だったのである。

3.2　持株会社制度への移行

　初代総帥の弥太郎は，日本郵船設立の直前に死去し，新事業の立ち上げは，弟の二代・弥之助に託された。彼は「海から陸へ」と三菱の事業の舵を切り，1887年に払い下げを受けた長崎造船所と，1905年に設立した神戸造船所とを統合し，四代・小弥太のときに三菱造船として独立（1917年）した。また，1881年には高島炭鉱の払い下げも受け，これも取得済みであった他鉱山と統合し，1918年には三菱鉱業として本社から切り離した。なお，同鉱山の炭鉱部は，営業部を経て，1918年に三菱商事へといたっている。さらに，第百十九銀行買収により銀行業へと（1885年に合資銀行部，1919年に三菱銀行），陸軍の要請により，1890年には丸の内周辺の土地を取得し，不動産業（1906年に合資地所用度課，1937年に三菱地所）へも進出していった。

　以上のような多角化の仕上げが，事業部制の導入，持株会社体制[5]への移行であった。1893年には三菱合資が設立され，1908年には各部の資本金，独立採算制が導入された。多様な事業構成に見合った，分権的な組織の構築が目指されたのである。さらに，分権化をより一層推し進めるために，1917年に各事業部は独立し，持株会社を頂点とするピラミッド組織が形成されたのである。

　もっとも，留意されなければならないのは，こうした持株会社制度への移行が，多角化に適応するためという側面のほか，税制改正への対応という要素も色濃くあったという点である。日露戦後の税制改正，そして大戦中の戦時利得税の創設により，個人企業に対する税負担が重くなった。これに対応するため，大小問わず，個人企業は，合名や合資などの財産保全会社へと看板をかけ替えていったのである。1910年代から1920年代における，三菱をはじめとする財閥

5　持株会社には，事業持株会社（主たる事業を営む一方で，子会社株式を保有するタイプ）と純粋持株会社（もっぱら子会社を管理・支配するタイプ）に分けられる。財閥本社の多くは，後者に該当する。

の持株会社の成立は，こうした「法人成り」の動きの一風景でもあった。

4　ファミリービジネスの特徴

　では，以上のように発展した財閥には，どのような特徴があったのであろうか。以下では，そのファミリービジネスの観点から，ベネフィットとコストについて検討していこう。

4.1　ベネフィット

　まず，ベネフィットの第1として，そのファミリーによる高い持株比率が，エージェンシー問題の解消に寄与したという点が挙げられる。エージェンシー理論の文脈に従えば，企業規模が拡大にするにつれ，多額の資金を必要とするため，株主数も多くなり，株式は分散していく。高度に株式が分散した状況下においては，個々の株主にとって利殖のみが唯一の関心になり，投資先企業の経営には興味をもたなくなる。やがて株主によるモニタリングは不在となり，経営者は株主利益に沿わない行動をとるようになる。

　ただし，投資先企業のモニタリングにインセンティブを持つブロックホルダーが存在する場合，そうした零細株主のフリーライド問題を回避することが可能となる。財閥のケースにおいては，大株主としてファミリー，持株会社が存在し，実効的なモニタリングを傘下企業に行使していた。たとえば，後述のように，傘下企業の投資計画，管理職人事，利益処分は事前に本社に伺いがいが立てられていた。経営者が株主利益から逸脱する行動が，事前，事後において制約されていたのである。

　第2は，長期視野での経営が行われたことである。**第3章**でも論じたように，当時の日本企業の多くは，強い株主主権の下で，高い利益期の社外流出に苦しんでいた。それは減価償却の不十分な実施につながり，中長期的な競争力の減退につながっていた。これに対し，財閥においては，ファミリー，本社が安定株主として存在し，その傘下企業の利益処分は，相対的に内部留保を厚くするように計画されていた。実際，岡崎（1994）によると，1921年から1936年にお

表4-5 主要企業の配当性向

合計	サンプル	1921-36	1937-43	1961-70
財閥	10社	0.70	0.55	0.65
非財閥	10社	0.73	0.60	0.60

出所：岡崎（1994），表8より抜粋。

いて，非財閥系企業の配当性向が7割を超えたのに対し，財閥系企業のそれは6割程度と抑えられ，社外流出の抑制に注意が図られていた（表4-5）。

　財閥組織において，こうした長期視野での経営がなされた背景として，しばしば指摘されるのが「家憲」の存在である。三井のケースでは，二代・三井高平が「宗竺遺書」（1712年）において，いわゆる「総有制」がうたわれ，三井家資産に対する出資は同族11家の共有財産であり，分割不可であることが定められた。これは家産保全と継承を優先させる経営行動の拠り所となった。また，住友家でも，家法（1882年）において，「浮利を追わず」という文言が挿入された。これらは，エントレンチメント（経営者の暴走と保身）の抑制と短期主義的経営の弊害の克服をもたらしたのである。

　また，上記に関連するが，財閥系企業の経営者は，安定株主である財閥本社の下で，内部昇進者の登用が促された（第5章）。こうした早くから「所有と経営の分離」の実現は，短期的な株主の利益だけに偏らない，中長期視野での経営をもたらした。これは，「アングロサクソン的」（岡崎 1994）とも称された戦前日本企業の一般的傾向とは異なり，財閥が「日本型企業の源流」（武田 1995a）とも呼ばれるゆえんともなった。

4.2　コスト

　一方，企業経営におけるファミリーの高いプレゼンスには，コストもあった。たとえば，ファミリーの高い持株比率は，アウトサイダー株主の影響力を弱くさせ，ファミリーの暴走，独裁につながるおそれがある。

　また，後継者選びの際，その候補者プールが限定的となる点もコストであろう。創業者は，ビジネスチャンスをとらえ，資金を調達し，人材を集め，事業化に成功した資質に優れた人物である。ところが，子孫は，そうした事業や組

織を引き継ぐのに常に適しているとは限らない。ファミリーという限られた
プールの中からの後継者を選ぶという限界がつきまとうのである。

　もっとも，上記のファミリーの暴走という側面に関しては，「家憲」の存在
によって，ファミリーの暴走を制約するような仕組みが財閥には設けられるこ
とがあった。また，限定された候補者プールという制約についても，専門経営
者の登用や，ときには彼らを婿養子として迎え入れることで，ファミリーの経
営権維持と縁故主義の克服が図られた。

　これらの点とは別に，財閥組織にとって深刻であったのは，前述の安定志向
に関連したものであった。しばしば述べられるように，保守的な経営スタイル
が過度になりすぎると，企業価値の向上をもたらす投資計画を見送ることにな
り，いわゆる「過少投資」に陥ってしまう。換言すると，家産保全にこだわる
あまり，投資計画が慎重になりすぎ，ビジネスチャンスを逃すことが起こりう
る。事実，三井，三菱，住友の3大財閥は，1920年代に投資計画を見送ったた
め（あるいは，本社と傘下企業との間で調整に時間を要したため），カザレー
式技術を導入し，硫安製造において高い生産性を実現した日本窒素肥料や，
レーヨン国産化に成功した帝国人造絹糸に，これら分野の事業化に構想を持ち
つつも，先行を許したのであった（橋本 1992）[6]。

5　持株会社体制によるガバナンス

5.1　移行動機

　では，もう一方の財閥の特徴である持株会社制度は，どのような動機によっ
て導入されたのであろうか。それについては，現代の持株会社への移行要因と
共通する部分も多い。第1として，「戦略策定の事業運営の分離」が挙げられ
る。親会社は傘下企業の資源配分・監督を担当する一方で，子会社は事業運営

6　森川（1978；1980）でも，1920年代における三井の染料，旭硝子のアンモニア法ソーダ工業，古
　河電気工業の電機・アルミニウム精錬への忍耐強い投資態度に言及しつつも，上記分野や自動車製
　造を取り上げて，やはり財閥組織の保守性を指摘している。

に専念する。財閥のケースでは，前述のような，19世紀末以降の事業の拡大と多角化への対応として，分権化を進め，現業部門に意思決定を委ねる必要性が生じたことが移行の背景となっている。まさに「組織は戦略に従う」（Chandler 1962）のである。

　第2は，「M&A の積極化」である。持株会社に移行することにより，被買収企業をその下にぶら下げるだけで M&A を行うことが可能となる。合併の際に起こるような，人事制度や組織文化の融合による摩擦は生じない。実際，財閥組織も，持株会社体制への移行後，本社，あるいはその傘下企業は活発に M&A を実施し，グループ外企業を取り込んできた。この点の具体例については，**第7章**で詳述する。

　こうした現代と共通する特徴とは別に，財閥固有の移行動機として，「財閥同族の所有資産の保全・管理」が指摘できる。前述したような日露戦後以降の税制改正に対応するため，1910年代から1920年代にかけて，個人企業が法人企業へと衣替えを迫られるという時代の流れがあった。

　最後に，持株会社に移行することで，「社会的資金の動員」が可能になるという点も挙げられる。傘下企業の株式を公開することで，本社の資金制約を緩和することができる。もっとも，この点については，限定的であったという主張もある。なぜなら，公開は傍系企業や一部の直系企業に限られ，戦時期にいたるまで資金調達という点では十分な役割を果たさなかったとも捉えられるからである（武田 2020a；2020b）。

5.2　本社の役割

　次に，こうした持株会社体制の下で，本社はどのような役割を果たしたかについて検討していきたい。まず，上述したように，子会社は日常業務に，本社は全社戦略に専念することで，両者の意思決定効率を向上させられることが挙げられる。

　また，本社スタッフによる傘下企業への助言・監督も重要な役割であった。本社は，傘下企業の取締役会議案の承認，監査部への財務諸表の提出，およびそれらのチェック・承認を行った。さらに傘下企業へ役員を派遣し，モニタリングの実効性を高めるとともに，子会社情報を獲得に注意を払った（岡崎

1999）。

　さらに，本社は内部資本市場の役割も果たした。すなわち，傘下企業間の資源配分，子会社の投資案件の計画・評価・コントロールを行った。ボストン・コンサルティング・グループが提唱したような PPM（Product Portfolio Management）の概念のごとく，安定的に収益が出て，追加的投資が必要とされない事業から配当などで利益を吸い上げ，それを将来的な成長が期待される事業へと配分した（**図4-3**）。たとえば，明治後半の三菱では収益があがる金属部門（＝「金のなる木」）から拡張投資が求められた鉱業部門（＝「花形産業」）へと（武田 2020a），戦間期の三菱や住友財閥では，鉱業部門から発展する重化学工業部門へと（麻島 1987；岡崎 1999），財閥の内部資本市場を通して資金がシフトしていったことが明らかにされている。まさに財閥本社は，グループ全体の経営効率の向上の観点を考慮し，運営されていたのである。

図4-3 ┃ プロダクト・ポートフォリオ

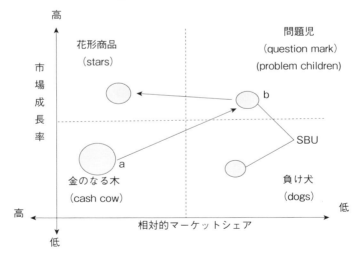

注：SBU（Strategic Business Unit）は「戦略的事業単位」を指し，育成か撤退のいずれかの判断が求められる
　　事業を意味する。
出所：井原（2008），図表15-3.

6 データ分析紹介：財閥と企業パフォーマンス

6.1 データセットと推計モデル

　ここでは，財閥傘下企業の企業パフォーマンスについて検証し，国際的な経済史のジャーナルに掲載された Frankl（1999）を紹介しよう。同研究で対象としたのは，Fruin（1992）によって作成された1918年と1930年の鉱工業上位100社のいずれかにランキング入りした150社であり，分析期間は，1915，1921，1927，1932，1937年の5時点である。それぞれの時点の企業をプールして，財務データが取得可能な430程度が用いられた。

　推計モデルの被説明変数は，企業パフォーマンスであり，売上高利益率，PER（Price Earning Ratio；株価収益率，株価／1株当たり当期利益），ROA（Return on Asset；総資産利益率），ROE（Return on Equity；自己資本利益率），売上高成長率の5つの指標からなる。

　一方，説明変数は財閥ダミーであり，それを2つのグループに分割している。その1つは，三井，三菱，住友，安田，古河，大倉の傘下企業に1の値を与え

表4-6 ┃ 基本統計量

	独立企業		先発財閥		新興財閥		全企業	
	観測数	平均	観測数	平均	観測数	平均	観測数	平均
総資産（千円）	322	40,647	142	44,832	58	50,670	522	42,887
総収入（千円）	322	21,502	142	21,874	58	14,897	522	20,897
企業年齢（年）	342	28.5	156	19.4	53	17.8	537	24.9
売上高利益率	282	0.111	111	0.101	40	0.18	428	0.112
ROA（当期利益／総資産）	285	0.049	113	0.042	41	0.039	434	0.046
POE（当期利益／株主資本）	285	0.067	113	0.063	40	0.055	433	0.065
PER（株価／当期利益）	223	21.7	68	26.2	29	36.8	318	22.9
売上高成長率（%）	194	2.41	74	2.26	25	2.57	292	2.37

注：分析時点は，1915，1921，1927，1932，1937年の5時点。
出所：Frankl（1999）の Table1.

る変数である（ここでは「先発財閥ダミー」と呼ぶ）。2つ目は，浅野，日産，日窒，日曹，森，理研の傘下企業の場合に1の値を与えている（「新興財閥ダミー」とする）[7]。分析の焦点は，それら財閥ダミーの係数であり，その集団への所属がパフォーマンスを引き上げているならば，ダミー変数はパフォーマンスに対し正の効果を与えるであろう。そのほか，パフォーマンスへの財閥所属以外の影響を制御するため，総資産対数値，操業年齢，年次ダミー，産業ダミーが挿入されている。

6.2　推計結果

　結果は**表4-7**に掲載されている。それによると，先発財閥ダミーは，いずれのパフォーマンス指標に対しても，有意な影響を与えず，意外な結果となっている。この点について，同研究では，財閥組織が独占力を行使したり，あるいは経営資源を効率的に利用していたという通説を疑わせる結果になったと述べている。上述の内部資本市場のベネフィットと，成長産業に対する保守的投

表4-7 ｜ パフォーマンスに対する財閥ダミーの効果

	(1) 売上高 利益率	(2) PER	(3) ROA	(4) ROE	(5) 売上高 成長率
先発財閥ダミー	−0.004	15.159	0.000	0.001	0.141
	(−0.199)	(1.087)	(−0.245)	(0.125)	(0.293)
新興財閥ダミー	0.058**	13.34**	−0.006	−0.007	1.401*
	(1.600)	(1.666)	(−0.949)	(−0.734)	(1.692)
総資産対数値	0.018**	1.852	0.001	0.000	0.071
	(1.678)	(1.198)	(0.195)	(0.100)	(0.216)
企業年齢	0.000	0.383*	0.000	0.000	−0.076*
	(−0.022)	(1.442)	(0.321)	(0.600)	(−2.195)
定数項	−0.036	−7.415	0.023	0.047	10.368***
	(−0.360)	(−0.489)	(1.082)	(1.230)	(3.406)
観測数	428	289	434	433	292
F 値	2.302***	2.483***	2.733***	2.557***	10.591***
補正 R^2	0.052	0.085	0.067	0.061	0.359

新興財閥の利益率は（先発財閥に比べ）5.8% 高い。

注1：上段は係数を，下段括弧内は不均一分散に頑健な標準誤差を示す。
注2：***, **, * はそれぞれ1％，5％，10％水準で有意であることを表す。
出所：Frankl（1999），Table 2.

資態度のコストが相殺した結果なのかもしれない。

　一方，興味深いことに，新興財閥ダミーは，売上高利益率，PER，売上高成長率に対して有意に正の影響を与えている。たとえば，リファレンスグループ（比較対象）となっている独立企業に比べ，新興財閥に属する企業は，売上高利益率で5.8％，PER で13.34，売上高成長率で1.40％高くなっている。特にPER は10%を超えており，その良好な株価パフォーマンスがうかがいしれる。

　この研究とは別に，財閥に属することの企業パフォーマンスについて検証した成果として，岡崎（1999），宮島ほか（2008），Miyajima and Kawamoto（2009）などがある。ただし，岡崎（1999）では（中島を除く）9大財閥に所属することの効果は，ROE に対して正の影響を見出す一方で，宮島ほか（2008）や Miyajima and Kawamoto（2009）では3大財閥系企業ダミー（三井・三菱・住友）は ROE や成長性に有意な影響を与えていない。財閥系企業の定義が個々の研究によって異なることもあり，その成果に対する影響は定かではない。

7　財閥史研究の可能性

　本章では，ファミリービジネスと持株会社の特徴・機能について，財閥を題材として検討してきた。政商から出発した財閥は，払い下げられた国有企業の立て直しによって利益を蓄え，それを他分野に投資してさまざまな業種に進出するにいたった。そして，そのような多角的な事業を管理するために持株会社体制を構築し，本社は子会社間の資源配分，モニタリングを行い，グループ全体の経営効率の維持を図った。また，ファミリーの高い持株会社には，株主・経営者間の利害対立（＝エージェンシー問題）の緩和というメリットがある一方で，ファミリーの暴走（＝エントレンチメント），限られた候補者プールというデメリットがつきまとうが，それらは総有制，専門経営者の登用，婿養子の慣行といった方法で緩和されていた。

7　浅野系に関しては，先発系に含める方が望ましいという考え方もある。

　もっとも，実証的には，財閥という集団への所属，パフォーマンスを引き上げているとは言えず，その効果は定かではない。ただし，これには，推計上の，いくつかの課題がある。たとえば，財閥の類型化にあたっては，それらの多角化や所有と経営の分離（＝専門経営者登用）の程度など，均質的なグループでカテゴライズする必要がある。しかしながら，従来の研究では，オーナー色の強い集団が先発財閥に含まれていたり，むしろ歴史的，構造的には先発に加えるべき集団が新興財閥に加えられるなど，定義の混乱がみられた。今後の実証分析には，類型化の見直しが必要であろう。

　また，分析期間についても，1920年代の不況期において先発財閥が強い耐性を示した一方で，1930年代において新興財閥が台頭するなど，集団によって強みを発揮した時期が異なると想定される。時代背景を勘案しながら，いくつかの期間に分割して推計を行うことは不可欠である。さらに，財閥の効果を観察する際に，資源配分の恩恵が享受されるなど，その集団に属することで得られる効果と，ファミリーや持株会社という大株主が存在することで，実効的なモニタリングが行使されるという効果とは，分けて検証することも求められる[8]。

　財閥史研究というと，研究しつくされた感があるが，少なくとも実証的な観点からは，財閥のガバナンスのあり方，そしてそのパフォーマンス，企業行動への影響など，開拓余地が多分に残された分野であると考えられる。

8　実際，宮島ほか（2008）では，3大財閥系企業ダミーと，法人持株比率を説明変数として同時に挿入して，パフォーマンスに対し前者が有意な効果を持たなかった反面，後者が正の影響を及ぼしていることを明らかにしている。

COLUMN 4

ヨコのグループとタテのグループ

　ビジネスグループについて議論する際，重要な論点がある。それは，対象としているのが「ヨコ」のグループなのか，「タテ」のグループなのかという点である。「ヨコ」のグループとは，他業種の企業が資本結合によって構成しているグループである。戦後の「企業集団」がそれに該当し（**第8章**），社長会メンバー企業間の株式持ち合い（＝株式の双方的な保有関係）によって結ばれ，銀行，商社，家電など多様な業種の企業から構成されていた。

　一方，「タテ」のグループとは，親会社とそれを分業・補完する役割を担う子会社群によって構成されるグループである。親会社と子会社の関係は，前者による後者の株式保有（＝株式に一方的保有）によって規定され，業種も親会社の手掛ける分野に限定される。これらグループは「企業グループ」と呼ばれ，ソニーやソフトバンク，三菱商事など1,000社を超える子会社を保有する企業も存在し，かつ上場子会社が保有する子会社数は，ここ20年間で増加傾向にある（COLUMN 4：**表1**）。

　では，戦前の財閥は，上記のグループと，どのような対応関係にあるのであろうか。結論としては，財閥は戦後の企業集団タイプのグループとみなす方が適切であろう。確かに財閥は本社による封鎖的所有の下に置かれていたが，鉱山，銀行，商社など多様な業種から構成される「ヨコ」のグループであった。また，それら財閥は，戦後の解体後，財閥構成メンバーを土台として企業集団として再結成されたという歴史的経緯もある。

　他方，戦後の企業グループの先駆的事例としては，「新興コンツェルン」が挙げられる。本書では詳しく取り上げることができなかったが，1930年代の重化学工業化の波にとって，日窒，日曹，理研，森の4グループは飛躍的成長を遂げ，「親会社を中心とする有機的な事業統合体」（下谷 1993；150）を形成した。子会社の事業は親会社の業種によって規定され，かつ株式による支配を受けた。

　以上の構図を整理したものが，COLUMN 4：**表2**である。このほか，生産系列（下請制），流通系列，金融系列など，多様なグループが存在する。いずれにせよ，ビジネスグループの検討にあたっては，どのようなグループを対象とするのかを明確にすることが欠かせないであろう。

COLUMN 4：表1 ▎連結子会社の多い企業

2000年度			2021年度		
順位	会社名	社数	順位	会社名	社数
1	ソニー	1078	1	ソニーグループ	1414
2	日立製作所	1069	2	ソフトバンクグループ	1408
3	伊藤忠商事	551	3	三菱商事	1265
4	三井物産	528	4	日本電信電話	964
5	住友商事	520	5	オリックス	888
6	富士通	517	6	日立製作所	871
7	三菱商事	510	7	豊田通商	779
8	トヨタ自動車	445	8	住友商事	662
9	丸紅	412	9	トヨタ自動車	544
10	日商岩井	350	10	パナソニックホールディングス	522
11	東芝	323	11	日本郵船	502
12	松下電器産業	320	12	三菱ケミカルホールディングス	487
13	リコー	318	13	日本製鉄	389
14	日産自動車	313	14	住友電気工業	383
15	本田技研工業	300	15	大和ハウス工業	381
16	日本郵船	297	16	富士通	364
17	商船三井	295	17	商船三井	363
18	日本通運	258	18	博報堂DYホールディングス	354
19	日本製鉄	256	19	リクルートホールディングス	351
20	名古屋鉄道	240	20	本田技研工業	348
上場企業の平均値		11.8	上場企業の平均値		21.0

注：非金融業の3月決算期の企業を集計。
出所：日経メディアマーケティング「NEEDS-FinancialQUEST」より作成。

COLUMN 4：表2 ▎財閥・コンツェルンと企業集団・企業グループ

	1930年代	戦後
企業集団	総合財閥	企業集団
	‖	‖
企業グループ	傘下企業	構成企業
（独立系）	新興コンツェルン	独立系企業グループ

出所：下谷（1993），表6-2.

第 **5** 章 | 専門経営者と内部労働市場

Summary

　明治以降，主要な日本企業の取締役会は，非常勤の大株主によって占有されており，戦後の姿とは大きく異なるものであった。それが，戦間期の企業規模の拡大，事業構成の変容，そして戦時期・戦後改革期におけるオーナーの追放を経て，「内部昇進者によって占められる取締役会構成」という特徴が前面に出ることとなった。実証的にも，事業成長や内部労働市場の成熟化が，専門経営者の登用を促すことが示された。

Key Words

専門経営者，兼任大株主重役，内部昇進者，軍需会社法，財界追放

1　リーダーとしての内部昇進者

　これまで日本企業のトップ・マネジメントの特性に関しては，歴史的にも，現状分析的にも，精力的に研究が進められてきた。たとえば，わが国におけるトップ・マネジメントの生成と発展を論じた森川（1981；1996）では，企業の市場，金融，技術などの経済環境の変化を背景とし，戦前期において高等教育機関を卒業した専門経営者が取締役会に進出していった様子が描かれている[1]。一方，戦後に関しても，伊丹（1995），田中・守島（2004）に代表されるように，主要企業の社長を対象として，在職年数，年齢，学歴といった視点から，

1　製造業118社の取締役会構成を調査したSuzuki（1991）でも，戦前期における専門経営者の躍進を確認している。

トップ・マネジメントのプロフィールに関する検討がなされている[2]。

　もっとも，これら一連の研究は，いわゆる「日本型取締役会」をリードし，経済発展を担ってきた「内部昇進者」を正面から取り上げたものではなく，また，その性質の変容を明らかにしたものでもなかった。そもそも内部昇進者は取締役会においてどのような地位を占めてきたのであろうか。いかなるキャリアを経て，彼らはトップ・マネジメントにまでたどり着いたのであろうか。内部昇進型経営者が進出していく（あるいは進出を阻害する）要因はいったい何なのであろうか。本章の目的は，独自に構築したデータセットを用いて，20世紀という長期的視点から，わが国における内部昇進型経営者の属性を明らかにするとともに，彼らがトップ・マネジメントとして登用された要因に関して実証することにある。

　上記の課題に接近するために，本章は次のような3つのトピックから構成される。第1に，内部昇進者の動向を念頭に，20世紀日本企業の取締役会構成について概観する。戦後日本における企業システムの特徴の1つとして，「内部昇進者からなる取締役会構成」という点が指摘されてきたが，歴史的にみて，そのような傾向はいつ頃から現れはじめたのか。彼らがトップ層へと進出する過程で直面する，他の役員構成（所有者，派遣役員等）の状態にも注意を払いながら，内部昇進型経営者の進出に関する時期区分を試みる。

　第2に，内部昇進型経営者のプロフィールについての基礎的情報を提供する。分析の焦点となる項目は，①取締役就任までの勤続年数，②職歴（生え抜き，中途採用），③年齢（入社時，役員就任時），である。これらのプロフィールの紹介を通じ，戦前から戦後にかけての，内部昇進型経営者の属性の差異，変遷を明らかにする。

　第3に，戦前期を対象に，内部昇進の人材がトップ・マネジメントとして登用された要因に関し，実証分析を行う。結論の一部を先取りすれば，本稿では，戦後日本の取締役構成が内部昇進者が高い比重を占めるという点で同質化していったのに対し，戦前日本の場合，内部昇進型経営者の登用に対し，企業間で大きな分散があったことが示される。では，そのように企業間で対応に差が

2　このほか，社長の出自を分析した研究として，森川（1995），吉村（2007）が存在するが，本章のように取締役会構成を問題とした研究はそれほど多くない。

生じた要因は何だったのであろうか。近年の欧米企業を対象とした研究成果を参考に，①企業の成長性，②事業の複雑性，③所有構造といった観点から，この問いに解答を与える。

　本章の構成は以下のとおりである。第2節では，データセットの構築方法について解説する。第3節では，そのデータセットを用いて，取締役会構成の長期推移，戦前から戦後にかけての内部昇進型経営者の属性について検討する。第4節では，内部昇進者の勤続年数や学歴などのプロフィールの観点から戦前期における内部労働市場の形成過程について観察する。第5節では，推計モデルと仮説を提示したうえで，戦前期日本における内部昇進型経営者の登用要因に関する推計結果を報告する。第6節は，まとめと今後の課題にあてられる。

2　データセットの構築

　本章のような長期的な分析を行う場合，データセットの構築方法として，次のような2つの方法が考えられる。第1は，分析対象となる期間，一貫して属性を追跡できる企業をサンプルにするという方法である。第2は，各時点でその都度，共通する何らかの基準（たとえば，総資産額の上位企業）でサンプルを選定していくという方法である。前者の方法を採用した場合，各企業の性質の変化を時系列に観察できる反面，新興企業が脱落するなど，産業構造の変容に即したサンプル構成とはならない。一方，後者の方法の場合，各時点の主要企業を捕捉できる代わりに，サンプル企業の入れ替わりによる影響が反映されてしまうことになる。本章では，企業規模の拡大や歴史的なイベントを受け，いかに特定企業の性質が変容したかについて関心があるため，第1の手法を採用することとした。より厳密な分析のためには，第2の手法でもデータセットを構築し，第1の手法による結果と比較することが望ましいが，それは今後の課題としたい。

　具体的なサンプル企業としては，由井・フルーエン（1983）の「最大工業企業」リストのうち，1918年，1930年のいずれか1時点で上位100社に入る企業（計136社）で，1921年以前に設立され，少なくとも2000年まで存続した企業43

社を抽出した[3]。調査時点は，戦前は1921年，1928年，1937年の3時点，戦後は1955年，1970年，1985年，2000年の4時点である。各時点における各社の役員構成に関しては，戦前は『株式会社年鑑』（東洋経済新報社），『株式年鑑』（大阪屋商店），各社営業報告書，戦後は『会社年鑑』（日本経済新聞社），各社有価証券報告書によって把握した。一方，役員属性（出自，勤続年数，年齢，学歴，経歴等）については，『人事興信録』（人事興信所）を基礎的資料としつつ，戦前は『大衆人事録』（帝国秘密探偵社），『日本人物情報体系（企業家編）』（晧星社），各社社史，戦後は有価証券報告書等を網羅的に利用した。なお，取締役会全体を対象とすることは，作業的に大きな困難が予想されるため，本章では常務層以上（常務から会長まで）に限定して調査を行った。

　以上のような手続きにより，最終的なサンプル役員数は，戦前393人，戦後1,461人の計1,854人となった。

3　内部昇進型経営者のキャリア

　20世紀の日本企業において，内部昇進者は取締役会においてどのような地位を占めていたのであろうか。また，内部昇進者の属性は，戦前から戦後にかけて，いかなる変化を遂げたのであろうか。本節では，前節の手順で構築されたデータセットを用いて，サンプル企業43社の取締役会構成の長期推移を概観した後，内部昇進型経営者のキャリア（勤続年数，年齢，職歴）について分析する。

3.1　経営者の類型化

　本稿では，谷口（2005），末廣（2006）を参考に，経営者の経歴を，①所有者，②派遣，③内部昇進，④外部招聘，⑤同系企業からの異動，の5つに類型化した。①は当該企業の創業者，その家族を含み，②は株主，金融機関の関係

3　サンプル企業の産業分布は，軽工業の企業が多く，紡績13社，食料品6社，化学4社，鉄鋼4社，電気機械4社，造船4社，鉱業3社，非鉄金属3社，製紙1社，窯業1社となっている。なお，他社を吸収合併したことにより，期間途中に社名変更した企業も一部含まれる。

者，あるいは個人の投資家を含む。③は本稿の中心となるカテゴリーであり，さらに「生え抜き」と「中途採用」の2つに下位分類される。前者は，新規学卒で入社し，そのまま取締役の地位に到達した者を指す。後者は，他の企業・官庁等での勤務を経て当該企業に中途採用され，取締役に就任した者である。ただし，「中途採用」に関しては，派遣役員，外部招聘と区別するため，入社してから取締役の地位に就くまで原則7年以上経過していることを条件としている。最後に，④は同業他社の取締役，政府官庁，大学，研究機関から，⑤はグループ企業の役員から直接経営陣に加わった人物と定義される。

　以上の類型化に基づき，サンプル企業43社の取締役構成の長期推移を示したものが**表5-1**である。それぞれの時点の取締役の総人数に占める個々のカテゴリーの割合（構成比）を掲載している。

$$構成比＝\frac{個々のカテゴリーの人数}{取締役の総人数}×100 \qquad (1)$$

表5-1　取締役会構成の長期推移

年	所有者	派遣	内部昇進者	外部招聘	同系企業からの異動	その他・不明	総計
1921	32	15	29	20	6	9	111
	(28.8)	(13.5)	(26.1)	(18.0)	(5.4)	(8.1)	(100.0)
1928	28	22	40	24	7	11	132
	(21.2)	(16.7)	(30.3)	(18.2)	(5.3)	(8.3)	(100.0)
1937	23	19	69	23	9	5	148
	(15.5)	(12.8)	(46.6)	(15.5)	(6.1)	(3.4)	(100.0)
1955	4	21	184	13	9	15	246
	(1.6)	(8.5)	(74.8)	(5.3)	(3.7)	(6.1)	(100.0)
1970	2	14	334	16	2	11	379
	(0.5)	(3.7)	(88.1)	(4.2)	(0.5)	(2.9)	(100.0)
1985	2	24	429	14	1	7	477
	(0.4)	(5.0)	(89.9)	(2.9)	(0.2)	(1.5)	(100.0)
2000	2	18	319	11	2	9	361
	(0.6)	(5.0)	(88.4)	(3.0)	(0.6)	(2.5)	(100.0)

注：各年上段は人数，下段括弧内はパーセント。

3.2 戦前期における内部昇進者の躍進

　まず，取締役会における内部昇進者の勢力について，戦前期から確認してみると，彼らの躍進が著しいことがわかる。1921年時点には，「内部昇進者」の比率は26.1％と，「所有者」（28.8％）より低く，「外部招聘」（18.0％），「派遣役員」（13.5％）と並び立つ程度に過ぎなかったものが，1937年には46.6％と大幅に上昇している。こうした傾向は，職位を社長（あるいは，それに代替する経営執行者）に限定しても同様であり，1921年時点では武藤山治（鐘淵紡績），小平浪平（日立製作所）などサンプル中4人しかいなかった内部昇進型社長は，1937年には11名にまで増加している（**表5-2**）。

表5-2 ┃ 内部昇進型社

時点	会社名	役職	氏名	生年月日	学歴
1921	麒麟麦酒	専務	井田清三	1864	慶應義塾
1921	東洋紡績	社長	齋藤恒三	1858	工部大学校機械
1921	鐘淵紡績	社長	武藤山治	1867	慶應義塾
1921	日立製作所	専務	小平浪平	1874	東京帝国大学工科大学電気工学科
1928	鐘淵紡績	社長	武藤山治	1867	慶應義塾
1928	富士瓦斯紡績	専務	持田巽	1873	東京帝国大学工科大学機械工学科
1928	住友電線製造所	常務	秋山武三郎	1873	東京帝国大学工科大学電気工学科
1928	日立製作所	専務	小平浪平	1874	東京帝国大学工科大学電気工学科
1928	三菱造船	社長	浜田彪	1870	東京工業学校機械科
1937	三井鉱山	会長	尾形次郎	1874	東京帝国大学工科大学電気工学科
1937	東洋紡績	社長	庄司乙吉	1873	東京高等商業学校
1937	鐘淵紡績	社長	津田信吾	1881	慶應義塾大学政治学科
1937	富士瓦斯紡績	専務	鹿村美久	1884	東京高等商業学校
1937	大日本紡績	社長	小寺源吾	1879	慶應義塾大学理財科
1937	神戸製鋼所	社長	田宮嘉右衛門	1875	高等小学校
1937	日立製作所	社長	小平浪平	1874	東京帝国大学工科大学電気工学科
1937	三菱重工業	会長	斯波孝四郎	1875	東京帝国大学造船科
1937	旭硝子	会長	山田三次郎	1870	東京工業学校窯業科
1937	帝国人造絹糸	社長	久村清太	1880	東京帝国大学工科大学応用化学科
1937	森永製菓	社長	松崎半三郎	1874	立教大学

とはいえ，ほかのカテゴリーの勢力も依然根強く，1937年時点でも，常務層以上でも，あるいは社長に限定しても，内部昇進者はいまだ過半数には届いていない。ここで興味深いのは，「所有者」，「派遣役員」などの他の取締役の動向である。この時期，これらのカテゴリーは比率ではその地位を低下させているが，人数ベースではほとんど変動がない。たとえば，「所有者」の場合，1921年から1937年にかけて，取締役人数に占める割合では28.8％から15.5％と後退しているが，人数は32人から23人と根強いものがある。逆に「派遣役員」にいたっては，15人から19人へと微増している。これらの点を総合すると，戦前期における内部昇進者の進出は，あくまで取締役会規模の拡大によって支えられてものであり[4]，同族家族，大株主の実効的支配（あるいは彼らとの協調

長（経営執行者）の一覧

卒業年	入社	取締役	卒業→入社	入社→取締役
1886	1907	1910	21	3
1872	1886	1893	14	7
1884	1894	1908	10	14
1900	1906	1920	6	14
1884	1894	1908	10	14
1896	1905	1913	9	8
1899	1911	1922	12	11
1900	1906	1920	6	14
1891	1893	1917	2	24
1898	1898	1922	0	24
1897	1914	1917	17	3
1907	1907	1929	0	22
1905	1908	1920	3	12
1903	1903	1918	0	15
不明	1904	1911	–	7
1900	1906	1920	6	14
1899	1899	1922	0	23
1896	1907	1916	11	9
中退	1907	1918	–	11
1896	1903	1910	7	7

---

4 表5-1から，（常務層以上の）取締役総数の増員（1921年：111人→1937年：148人）に合わせ，内部昇進者の人数も増加（同：29人→同：69人）していることが確認できる。

図5-1 ┃ ROEの推移

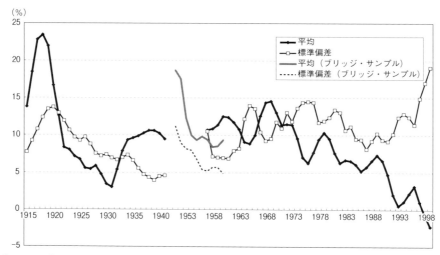

注1：サンプルは総資産（あるいは売上高）でみた大企業であり，期間は1914年から1942年（1930年時点で206社），1956年から1998年（1974年時点で337社），これらをつなぐ1950年から1960年（126社＝ブリッジ・サンプル）の3つである。

注2：平均から3標準偏差を超えたサンプルを除去する異常値処理を行っている（第1章参照）。

注3：3期中心移動平均（＝前年，当該年，翌年の3期間の平均を取る手法）をとったデータの推移を表す。この手法により，平均値の推移をなだらかにして，追跡がしやすいようにしている。

出所：宮島ほか（2008），図11-1.

関係）の下で実現された，過渡的な段階であったと判断することができよう。

　こうした「取締役ポストの増加→専門経営者の台頭」の背景となったのが，戦間期における経営環境の激変であった。森川（1996）では，その変化の背景として，①激しい景気変動，②企業規模の拡大，③事業内容の多様化，④経営組織の複雑化，⑤労働争議の激化などを挙げ，トップ・マネジメントにヒト・モノ・カネ・技術などの経営資源を運用するためのスキルが求められるようになったことを指摘している。

　特に上記の変化の影響が大きかったのが，第1次世界大戦期から昭和恐慌期にかけての1910年代，1920年代であった。この時期は，**第6章**でも詳述するように，交戦中のヨーロッパ諸国，および戦争景気に沸くアメリカからの需要が日本に入り，空前の外需ブームを1910年代後半に謳歌したあと，バブル崩壊，関東大震災による混乱，1927年と1930年の2つの恐慌など，景気がアップダウ

ンした時期でもあった。たとえば，大企業のROEを調査した分析（宮島ほか
2008）によると，1917年のROEの平均値は35％に達したのち，1921年には
５％に低下し，1930年にはマイナスとなっている（**図5-1**）。こうした企業パ
フォーマンスの変動（特に不況の深刻化）に加え，諸資源をコントロールする
スキルや社内情報，そして経営意欲の乏しい兼任大株主重役では対応しきれず，
その席を専門経営者に譲ることとなったのである（①の要因）。

また，第１次世界大戦ブーム，そして1920年代不況期においても好業績を維
持した企業群には，上記②から⑤の変化がもたらされた。戦間期に入るまでは，
大企業といえども１企業１事業所のシンプルな組織を取ることが多かった，鈴
木ほか（1987）の調査によると，1920年代には事業所の単なる増加にとどまら
ず，事業範囲，職能でも多様化がみられたことが明らかにされている（**表
5-3**）。つまり，この局面の企業経営は，単なる量的規模の拡大にとどまらず，
質の面でも大きな変貌を遂げたのである。

さらに，非常勤取締役の弱体化につながったのが，労働問題であった。不況
期のなか，賃金水準が高止まりするなか，高コスト体質となった大企業は，賃
下げ，整理解雇を立て続けに行ったが，これにより労使関係は緊張感を増し，
労働争議は全国的な広がりを見せみせた（**表5-4**）。たとえば，鐘淵紡績では
58日間にも及ぶ争議が起こり，有効な手立てを打てなかった長尾良吉社長が退
任に追い込まれた[5]。以上のような単なる企業の単線的な拡大にとどまらず，
事業単位の複数化，未経験事業への進出，労働者からの突き上げに対し，自ら
の利得にもっぱらの関心を寄せ，経営そのものには意欲を持たない非常勤の株

表5-3 ┃ 戦前期大企業の事業所と職能

事業所	1箇所	2箇所			3箇所以上			不明
職能	単一	単一	原-製	製-販	単一	原-製	製-販	
1920年	16	14	1	7	20	11	47	2
1935年	7	9	1	3	16	6	76	3

注：複数職能の「原-製」とは製造のほかに原材料部門を持ち，「製-販」は製造と販売を営むものである。これ
らをすべて行うものは「製-販」に入れた。
出所：鈴木ほか（1987），201頁.

---

5 鐘紡株式会社（1988：217-232），宮島（1995b：86）.

表5-4 ▌ 戦間期の労働争議（同盟罷業・工場閉鎖・怠業）

年	参加人数	件数	主要要求事項別件数		
			賃金増額	賃下げ反対	解雇反対
1914	7,904	50	25	11	-
1916	8,413	108	71	4	-
1918	66,457	417	340	17	-
1920	36,371	282	151	64	-
1922	41,503	250	71	67	-
1924	54,526	333	134	30	-
1926	67,234	495	226	47	4
1928	46,252	397	109	58	30
1930	81,329	906	80	291	128
1932	54,783	893	196	140	191
1934	49,536	626	295	32	78

出所：三和・原編（2010），図表4-25.

主重役では，十分に対応し得なかったのは，道理であろう。

3.3　戦時統制・戦後改革と内部昇進者の制覇

　ただ，繰り返しなるが，留意すべきは，上記のような取締役会への専門経営者の進出という戦前期における変化は，あくまでそれまでの株主主権というパラダイムの中で起こったという点である。依然，戦前期のおける経営コントロール権は，株主主権の慣性を強く残していた。それは，**第3章**でも指摘したような，株主総会中心主義や所有と経営の一致法制によっても説明可能である。また，取締役会においても，株主重役は影響力を保持し続けた。岡崎（1993）では，主要企業を財閥系企業と非財閥系企業とに分けて調査し，後者のグループでは株主が取締役会において相応の地位を占め，大株主による経営参加が根強かった様子を示している。戦前期おける変化は，当初は大株主重役に占有されていたポストが，専門経営者にも譲渡されていき，非常勤＝兼任大株主重役，常勤＝専門経営者とに分化していったプロセスと捉えられよう。

　では，こうして分化していった取締役会構成が，専門経営者（具体的には，内部昇進者）によって単一化されていくのは，いつの頃で，どのような要因に

よってであろうか。それは，戦時経済統制期，戦後改革期においてであった。前掲**表5-1**によれば，1937年には半数に満たなかった内部昇進者は，1955年には74.8％と跳ね上がり，1970年には88.1％，1985年には89.9％とほぼ臨界に達した。その一方で，ほかのカテゴリーに関して言えば，「派遣役員」が4％から9％弱とかろうじて勢力を維持しているほかは，比率ベースでも人数ベースでもほとんど見る影もない。ここに内部昇進者が取締役会を支配するという状況が名実ともに確立したのである。戦後日本企業の特徴として，しばしば「内部昇進者からなる取締役会」という点が指摘されてきたが，それは高度成長期，石油ショックを経た1970年代には成立していたものと考えられる。

　このような変化をもたらした1つの要因は，戦時期における経済統制であった。1940年の会社経理統制令では，配当に上限制限が課され，利益追求が否定され，株主の投資意欲を減退させた。また，1943年の軍需会社法では，生産責任者制度に基づき，経営者の任命権が政府に奪われ，株主による支配権が喪失した。特に同法では，兼任大株主重役の排除を志向したことから，インパクトは大きかった。

　さらに，こうした変化をより一層推し進めたのが戦後改革であった。1947年からの財界追放では，戦争責任追及の一環として，旧経営陣の退陣が指示された。主要財界人2,000人が役員の地位から退陣を迫られた。次いで，1948年には，財閥同族支配力排除法が施行され，財閥同籍者42名，財閥関係役員145名が追放された。ここにオーナーなど旧経営陣が一掃され，その空席となったポストに部長クラス，工場長クラスの現場出身の内部昇進者が座ることとなったのである。日本における専門経営者進出のプロセスは，戦前期における実物的要因を背景とした浸透，そして戦時期，戦後の歴史的イベントによってもたらされた方向づけ，という2段階をもって進んだものと捉えられよう。

3.4　日本型雇用システムの萌芽

　では，以上のような内部昇進者型経営者の供給土壌となったホワイトカラー層（事務系職員）の雇用は，どのような状況であったのであろうか。戦間期は，いわゆる戦後の「日本型雇用システム」の特徴が芽生え始めた時期でもあった。

　たとえば，日立工場（日立製作所）のケースでは，1920年代後半には，新規

学卒者の採用がそれまで上級職員中心であったものが，中級・下級職員にまで適用されるようになった。また，企業内部の人材によって上位の職位を埋めていくという昇進システムが成立するとともに，賃金も勤続年数に比例するようになっていった。さらに，解雇率も実業学校卒以上の層は低く，高学歴従業員の定着化がみられ始めた（菅山 1989）[6]。

　もっとも，戦後とは異なる点もあり，戦間期の三菱造船のケースでは，昇進のスピードは相対的にみて従業員間でばらつきが大きく，かつ，下位の職位への昇進で先手を許しても，上位への職位への昇進で逆転するという「リターンマッチ」が観察された（吉田・岡室 2016）。また，以上のような長期雇用や年功賃金はあくまで一部の大企業のみにあてはまるものであった。多くの中小企業は，大企業に対して，賃金，設備，生産性の点で著しく劣った（二重構造）。

　さらに，ブルーカラー層（現場労働者）はホワイトカラー層に比べ，勤続年数にあわせた賃金の上昇率は低く，不況時の解雇率は高かった（菅山 1989）。両者の間には越えられない身分格差が横たわっていたのである。すなわち，戦後の「工職混合」の労働組合（**第9章**）に象徴されるような戦後の特徴は，戦間期にはブルーカラー層をカバーしたものではなかった。システムの普及という点で，まだまだ過渡的であったといえる。

4　多様性から同質化へ

　上記では，各時点の役員総数に占める各カテゴリーの割合を確認してきたが，ここでは取締役会における内部昇進者の進出について，彼らのプロフィールなど，内部労働市場の観点から観察してみたい。

4.1　内部昇進者比率

　図5-2は，企業ごとに内部昇進者の比率を計算してから，その平均値と変動係数を算出し，それらを時点ごとにプロットしたものである。変動係数は，

6　三井銀行の人事を検討した粕谷（2020）でも，20世紀に入り新規採用の定着と従業員の勤続年数の長期化が形成されていった様子が報告されている。

図5-2 内部昇進者型経営者の比率

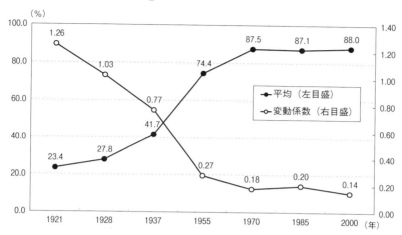

注：変動係数＝（内部昇進型経営者比率の）標準偏差／平均値。

内部昇進者比率の標準偏差をその平均値で割ったものである。

$$変動係数 = \frac{標準偏差}{平均値} \tag{2}$$

　2つのグループの値のばらつきを比較する場合，標準偏差は，それぞれのグループの平均値の高低に依存するため，比較する指標として望ましくない場合がある。そこで標準偏差を平均値で標準化して変動係数とすることで，（平均値に差があっても）2つのグループのばらつきを比較することが可能となる。

　平均値に関しては，当然のことながら，前掲**表5-1**の結果と変わりはない。ここで注目したいのは変動係数の推移である。戦前期には1.26（1921年）から0.77（1937年）と高い値を示していたのに対し，戦後は0.27（1955年）から0.14（2000年）と，低水準で推移していることが読み取れる。つまり，戦前期には，内部昇進者の登用に関し企業間で大きな対応の差があったものが，戦後には，内部昇進者が高い比重を占めるという点で，各企業の取締役会構成は同質化していったことになる。

4.2　従業員経験年数

　また，内部昇進者そのものの性質に関しても，戦前から戦後にかけて収斂の経過をたどった。この点について，内部昇進者が入社してから取締役に就任するまでの勤続年数（以下，従業員経験年数）[7]で確認してみよう（**図5-3**）。同表によると，内部昇進者の従業員経験年数の平均値は，戦前には13.3年から18.1年と20年にも満たないが，戦後になると持続的に上昇を続け，1955年の時点ですでに23年を超え，1985年で28.4年，2000年には遂に30年に達したことがわかる。それとは逆に，変動係数は戦前から戦後にかけて大きく低下し，戦前には0.4から0.5と非常に高かった値が，戦後には0.1から0.25の範囲に収まっている。戦前期には同じ内部昇進者の人材であっても取締役就任までの期間に大きな個人間格差があったのに対し，戦後になると（特に1970年代以降），従業員経験年数は25年から30年の間で「相場化」していったものとみられる。

図5-3 ┃ 従業員経験年数

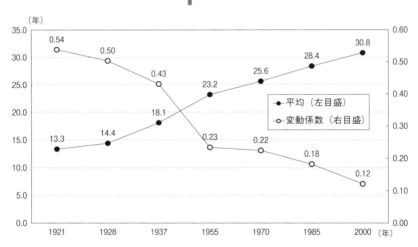

注：変動係数＝（内部昇進型経営者比率の従業員経営年数の）標準偏差／平均値。

---

7 「従業員経験年数」の名称については，田中・守島（2004）に依拠した。

4.3　内部昇進者の職歴

　ではなぜ，戦前と戦後とで，内部昇進者の取締役就任までの期間の平均値・分散に関し，このような差異が出てしまったのであろうか。その理由の1つとして，彼らの職歴が両期間で大きく異なることが指摘できる。**表5-5**は，内部昇進型経営者を「生え抜き」と「中途採用」に分けてその推移を追ったものであるが，同表から，戦前期には，経営者供給において中途採用の人材が無視できないウェイト（1937年時点でも37.7％）を占める一方で[8]，戦後に入ると，それが生え抜きの人材で一本化されていく状況がみて取れる（1970年時点で81.7％）。

　このような状況を踏まえ，生え抜き役員と中途採用役員の属性を比較してみたのが**表5-6**である。同表から戦前期の属性比較の結果をみてみると（パネ

表5-5　内部昇進型経営者の職歴

年	内部昇進者		
	生え抜き	中途採用	総計
1921	11 (37.9)	18 (62.1)	29 (100.0)
1928	22 (55.0)	18 (45.0)	40 (100.0)
1937	43 (62.3)	26 (37.7)	69 (100.0)
1955	144 (78.3)	40 (21.7)	184 (100.0)
1970	273 (81.7)	61 (18.3)	334 (100.0)
1985	386 (90.0)	43 (10.0)	429 (100.0)
2000	307 (96.2)	12 (3.8)	319 (100.0)

注：各年上段は人数，下段括弧内はパーセント。

8　そもそも設立間もない企業が多いということに加え，戦間期における事業の急成長が即戦力としての中途採用者の雇用と昇進に影響していると思われる。この点については，上月（1990）が鈴木商店を題材として検討している。

表5-6 ｜ 職歴別分析：内部昇進型経営者のプロフィール

パネルA：戦前

	生え抜き（N＝72）		中途採用（N＝56）	
	平均	標準偏差	平均	標準偏差
従業員経験年数（年）	20.1	6.2	10.8***	6.3
入社年齢（歳）	25.2	3.6	33.4***	6.5
役員就任年齢（歳）	45.3	5.5	44.1	5.8

パネルB：戦後

	生え抜き（N＝1106）		中途採用（N＝156）	
	平均	標準偏差	平均	標準偏差
従業員経験年数（年）	28.7	4.4	19.2***	6.6
入社年齢（歳）	23.6	2.3	31.3***	6.2
役員就任年齢（歳）	52.3	4.2	50.6***	5.0

注1：データが入手できないケースが存在するため，ここでの内部昇進型経営者の総計は表5-1の数値と一致しない。

注2：各指標について，生え抜き役員と中途採用役員とで平均値の差の検定を行い，有意な結果が得られた場合，アスタリスクを記している。***，**，* は，それぞれ1％，5％，10％水準で有意であることを示している。

ルA），中途採用の人材は生え抜きの人材に比べ，入社年齢は8.1歳も遅いのにもかかわらず（統計的にも有意），役員就任年齢は同程度（＝従業員経験年数が短い）となっている[9]。すなわち，いわば超特急で役員に就任する中途採用の人材と，相対的に役員就任までに期間を要した生え抜きの人材が取締役会において並存していたことが，前掲図5-2でも確認されたように，戦前期において内部昇進者の役員就任までの期間を相対的に押し下げ，かつ個人間格差を大きくさせた要因であったと考えられるのである。

4.4　なぜ戦前期の実証を行うのか

　以上のように，戦前期には取締役会構成は多様性に富み，かつ内部昇進者の属性に関しても個人間格差は大きかったものが，戦後になると，類似した性質を有する内部昇進者が高い比重を占めるという点で，各企業の取締役会構成は

9　表5-6（パネルB）でも示されているように，戦後においても生え抜き役員と中途採用役員とでは，入社年齢，役員就任年齢など，その属性に大きな差異が観察されるが，表5-5でも確認できるように，この期間の中途採用組は圧倒的に少数派であるため，この違いはほとんど無視しうる。

同質化していった。こうした20世紀日本企業の取締役構成の展開から，次のような分析課題が導かれる。①戦前期において，内部昇進者の登用に対し大きな企業間格差が観察されたのは，どのような要因によるものなのか。②戦後，内部昇進者以外の取締役会構成は，所有構造，資本構成，パフォーマンスといかなる関係性を有していたのか。③1990年代末以降，多くの企業で取締役会構成の見直しが図られたが，従来型の内部昇進者からなる「日本型」を維持するメリット，デメリットは何か。逆に社外取締役中心の「アメリカ型」に大きく舵を切った企業の特性はどのようなものなのか。

　もっとも，上記②の課題は，すでに宮島ほか（2001）が銀行による役員派遣の観点から検討しており，③の一部も，内田（2008）が取締役会における社外取締役比率の決定要因についての分析を行っている。そこで第5節では，残された①の課題に関し，これまでのデータセットを用いて実証的な裏付けを与えることとする。

5　データ分析紹介：内部昇進型経営者の登用要因

5.1　推計式と仮説

　実証分析に用いるサンプル企業は，これまでの分析に用いてきた43社を基本とする。分析時点は，1921年，1928年，1937年の3時点である。財務及び所有構造データは，前掲『株式会社年鑑』，『株式年鑑』，各社営業報告書から入手した。

　推計式としては，取締役会構成の決定要因に関する内外の先行研究を参考に，以下のような簡単なモデルを利用する。

　被説明変数としては，①取締役会における内部昇進者の割合を取り上げる。内部昇進者比率のほか，中途採用と生え抜きでは企業特殊的な技能の蓄積の程度に差があると想定し，②生え抜き役員比率（生え抜き役員の人数／常務以上の取締役人数）も設定した。

　一方，説明変数は，企業特性が内部昇進者の登用に与える影響を捉えるため，

①企業の成長性，②事業の複雑性，③内部労働市場の形成度，に関する変数から構成される。①は過去３年間の実質売上高成長率の平均値によって代理される[10]。この期間，物価の上下が激しかったため，その動きを考慮しないと売上高を異時点間で適切に比較することは難しくなる（物価が上がったために，売り上げが伸びた可能性がある）。そこで売上高を用いる際，それをまず物価の動きで補正する必要がある。これを「実質化」といい，物価の動きの指標のことを「デフレーター」という。デフレーターは，基準年を100とした場合の指数であり，それ以降の時点にインフレとなっていれば100を超える（デフレなら100を下回る）。ここでは，日本銀行統計局編『明治以降本邦主要経済統計』所収の「生産国民所得」（大川推計）の「総合デフレーター」[11]によって売上高を実質化したうえで，その成長率を求めた。

$$実質売上高 = \frac{名目売上高}{総合デフレーター} \tag{3}$$

$$実質売上高成長率 = \frac{（今期の実質売上高 - 前期の実質売上）}{前期の実質売上高} \tag{4}$$

　成長性に富む企業ほど，迅速な意思決定と企業内における柔軟な資産配置が求められるが（Lehn et al. 2004；内田 2008），それだけ企業特殊的な技能を蓄積した内部昇進者に依存する程度も大きくなると想定される。よって，この変数の符号条件は正となる。

　②の代理変数としては，総資産対数値（１期ラグ）を用いる。近年の実証研究では，企業規模が拡大するにつれ事業構造が複雑化し，株主・経営者間のエージェンシー問題が深刻化するため，その緩和を目的として取締役会における社外役員の比率が上昇することが報告されている（Lehn et al. 2004; Boon et al. 2007；内田 2008）。この場合，限られた取締役の席が社外取締役によって占められてしまうため，内部昇進者の登用が抑制される可能性がある。もっとも逆に，規模拡大によって複雑化する事業をトップから管理的調整することを動機として，現場のノウハウを有した内部昇進の人材が登用されるという経

10　前の状態が後の状態を決定すると考え，売上高成長率と総資産対数値はラグ付き変数（被説明変数が1937年の場合，これらの数値は1936年）とした。

11　1934年時点を100とした物価指数である。

路も想定できる。この場合，内部昇進型経営者の比率に対し，企業規模は正の影響を与えるであろう。

③の代理変数としては，会社年齢を挿入する。労働者が企業特殊的な技能を蓄積し内部昇進するためには，内部労働市場の存在が前提となるが（宮本2004），それらの形成にはある程度の時間的経過が不可欠である。会社年齢が長い企業ほど内部労働市場の形成が進み，それだけ企業内訓練を経た内部昇進者が経営トップとして輩出される可能性も高まると考えられる。

また，企業特性要因と並び，所有構造も取締役会構成と密接な関係性を有することが知られている（Li 1994；Mak and Li 2001；Denis and Sarin 1999）。戦前大企業の統治構造は多様であり，財閥本社が封鎖的に保有する3大財閥直系企業から，すでに株式が広範に分散した軽工業部門の大企業まで幅広く存在した。また，戦略的意思決定にあたる経営者が同時に株主である所有型企業も，工業化を担った大企業において無視しがたい比重を占めていた（宮島 2004；川本・宮島 2008；**第4章**）。このような統治構造の特性を踏まえ，株式分散度，経営者持株比率，財閥系企業ダミーの3つの変数を加えた。株式分散度は，1から5大株主集中度を引くことによって求められる。広範な株式分散にともなう所有と経営の分離は，株式所有を権力基盤としない経営者を誕生させる（Berle and Means 1932）。株式分散度が高い企業では，それだけ内部昇進者が経営トップの地位を獲得する確率も高まると予想される。

経営者持株比率は，経営者個人とその財産保全会社の保有株式数を発行済株式総数で除すことによって算出される。株式所有構造に関して封鎖的所有の選好が強い同族企業では，取締役会構成でも一族への固執がみられたとの指摘があるが（森川 1981），本稿のデータセットでも1928年時点において，同族色の強い古河鉱業（経営者保有比率：99％），片倉製糸紡績（同：43％）では，常務層以上への内部昇進者の登用は観察されない。経営者保有比率が高い企業では，内部昇進者の登用は限定的であったと想定される。

財閥系企業ダミーは，三井，三菱，住友の3大財閥系企業に1の値を割り当てるダミー変数である[12]。武田（1995a）でも言及されているように，財閥組

---

[12] 所有構造，設立経緯を考慮して，直系企業以外にも一部の傍系企業を含んでいる。財閥系企業に該当するのは，1921年時点で10社，1928年時点で11社，1937年時点で12社である。

表5-7 ｜ 基本統計量

Variable	観測数	平均値	標準偏差	最小値	最大値
内部昇進者比率	113	0.315	0.316	0.000	1.000
生え抜き比率	113	0.184	0.244	0.000	1.000
株式分散度	113	0.591	0.311	0.000	0.930
経営者持株比率	113	0.056	0.147	0.000	0.981
3大財閥系企業ダミー	113	0.239	0.428	0.000	1.000
総資産（千円）	113	66692	68745	10402	456591
売上高成長率	113	0.133	0.214	-0.198	0.966
会社年齢（年）	113	30.79	12.62	7.00	64.00

注1：変数の定義については以下のとおり。
　　　内部昇進者比率　　　　内部昇進型経営者／（常務層以上の）取締役人数
　　　生え抜き比率　　　　　生え抜き役員／（常務層以上の）取締役人数
　　　株式分散度　　　　　　1－5大株主集中度
　　　経営者持株比率　　　　経営者の親族・財産保全会社保有分を含む
　　　3大財閥系企業ダミー　3大財閥系企業（傍系含む）に1の値を与えるダミー変数
　　　売上高成長率　　　　　過去3年間の実質売上高成長率の平均値
注2：推計の際，総資産，会社年齢は対数変換している。

織には，幹部候補生の本社一括採用など，早い時期から独特の人材育成システムが備わっており，傘下企業における内部昇進者の登用が進んでいたことが明らかにされている[13]。仮に財閥固有の効果が存在したとするならば，企業規模や会社年齢を条件付けたうえでも，内部昇進者比率に対し財閥ダミーは正の効果を与えるであろう。

　最後に，コントロール変数として，年次ダミー（1928年，1937年），および産業ダミー[14]を投入した。以上の変数の基本統計量は，表5-7にまとめられている。

5.2　推計結果

　実証分析の結果は，表5-8のとおりである。パネルAは内部昇進者比率の推計，パネルBは生え抜き役員比率に限定した推計結果となっている。なお，

13　実際，郷古潔（三菱重工業）に代表されるように，多くの有為な人材が本社で採用された後，短期間で傘下企業（あるいは事業所）に送り込まれ，そのまま内部昇進を果たしている。
14　所属企業数が比較的確保できる紡績，食料品，化学，鉄鋼，電気機械，造船の6業種のダミー変数を加えた。

表5-8 ┃ 内部昇進型経営者の登用要因に関する分析結果

パネルA：被説明変数（内部昇進比率）

	(1)	(2)	(3)	(4)	(5)	
総資産対数値	0.1298***	0.1284***	0.1183***	0.1321***	0.1187***	→ 規模の大きな
	(0.0374)	(0.0386)	(0.0366)	(0.0379)	(0.0384)	（＝事業が複
売上高成長率	0.1401	0.1407	0.1150	0.1079	0.0848	雑な）企業ほ
	(0.1325)	(0.1311)	(0.1343)	(0.1310)	(0.1252)	ど内部昇進者
会社年齢	0.0804	0.0793	0.0406	0.0517	0.0120	の登用が促さ
	(0.0678)	(0.0688)	(0.0695)	(0.0668)	(0.0685)	れる
株式分散度		0.0294			0.1028	
		(0.1276)			(0.1490)	
経営者持株比率			-0.4087***		-0.3116*	→ 経営者の持株
			(0.1442)		(0.1753)	比率の高い企
3大財閥系企業ダミー				0.1313	0.1560*	業（＝ファミ
				(0.0814)	(0.0896)	リー企業）で
産業ダミー	-1.3698***	-1.3671***	-1.0570**	-1.3229***	-1.0662**	は内部昇進者
年次ダミー	(0.4325)	(0.4374)	(0.4607)	(0.4265)	(0.4633)	の登用は進ま
観測数	113	113	113	113	113	ない。
F 値	5.40***	5.06***	6.03***	5.45***	6.06***	
補正 R²	0.1745	0.1668	0.1984	0.1901	0.2050	

パネルB：被説明変数（生え抜き比率）

	(7)	(8)	(9)	(10)	(11)	
総資産対数値	0.0580*	0.0607*	0.0509*	0.0607*	0.0532	
	(0.0303)	(0.0329)	(0.0301)	(0.0308)	(0.0325)	
売上高成長率	0.1247	0.1236	0.1092	0.0867	0.0739	
	(0.1045)	(0.1083)	(0.1073)	(0.1016)	(0.1002)	
会社年齢	0.1255***	0.1276**	0.1008**	0.0916**	0.0695	
	(0.0471)	(0.0498)	(0.0499)	(0.0439)	(0.0459)	
株式分散度		-0.0541			0.0508	
		(0.1179)			(0.1288)	
経営者持株比率			-0.2530**		-0.1816	
			(0.1196)		(0.1420)	
3大財閥系企業ダミー				0.1548**	0.1660***	→ 財閥系企業は
				(0.0613)	(0.0587)	内部昇進者
産業ダミー	-0.8816***	-0.8866***	-0.6880*	-0.8263**	-0.6787*	（生え抜き人
年次ダミー	(0.3311)	(0.3376)	(0.3572)	(0.3205)	(0.3462)	材）の登用に
観測数	113	113	113	113	113	積極的。
F 値	4.20***	4.41***	4.24***	4.14***	4.51***	
補正 R²	0.1754	0.1701	0.1879	0.2228	0.2234	

注1：変数の定義は表5-7参照。
注2：上段は係数，下段は不均一分散に頑健な標準誤差を表す。
注3：***，**，*はそれぞれ1％，5％，10％水準で有意であることを示す。

推計にあたっては，OLS を用いた（**第1章**参照）[15]。

　まず，企業特性要因の結果からみていくと，内部昇進者の登用に対して，総資産対数値が正の効果を有していることが確認される。内部昇進者比率の推計では，一貫して有意に正の効果を与えており，生え抜き役員比率の推計でも，やや有意性は低下するが，有意に正となっている。この期間，繊維，食料品部門の主要企業で事業所数の飛躍的な増加が観察されたが（武田 1995b），そのような企業規模拡大にともなう事業構造の複雑化が，現場のノウハウに習熟した内部昇進者の経営トップ就任を促したと解釈できる。

　一方，企業の成長性を表す売上高成長率に関しては，内部昇進者全体，生え抜き役員に限定したいずれの推計でも，符号は正であるものの，有意な結果は得られていない。企業成長にともなう経営環境の急激な変容が，内部昇進者チームによる迅速な意思決定を要請したことが示唆されるが，統計的には支持されない。

　会社年齢変数については，生え抜き役員を対象とした推計では列(11)を除き，有意に正となっている。この結果は，会社年齢が長い企業ほど内部労働市場が整備され，内部昇進の人材が経営者として輩出される可能性が高まること，とりわけゼロからトレーニングを必要とする生え抜きの人材でその傾向が強いことを示している。

　一方，所有構造要因に関しては，経営者持株比率が列(3)(5)(9)において，財閥系企業ダミーが列(5)(10)(11)において，有意な効果が得られている。前者は負の効果，後者は正の効果であり，前述の符号条件に合致している。経営者の保有比率が高い企業では，内部昇進者（あるいは生え抜き役員の比率）は低い一方で，財閥系企業ではそれらの比率が高いという結果になる。財閥に属する効果を測定すると，その係数は0.1660であるので（列(11)），非財閥系企業に比べ，生え抜き役員の比率が16.6パーセントだけ高いと解釈できる。また，経営者持株比率の効果は，上記で同族家族の封鎖的所有への選好と取締役の地位への固執が対応関係にあったとの見方を提示したが，それを裏付ける結果といえる。

　最後に，株式分散度に関しては，いずれの推計でも有意な効果が得られてい

15　被説明変数の値の取りうる範囲が0から1の間に限定されていることから，トービットモデルといわれる推計方法を用いることも考えられる。

ない。この変数の作成方法が適切であるかどうかに疑問を残すが，本章の結果からは，株式の分散が直ちに内部昇進者の登用に結びつくとは判断できない。

6　リーダーに求められるスキル[16]

　本章では，戦前期における取締役会における専門経営者の進出過程について，集計データ，事例，データ分析の結果を中心にみていった。そこでは，当初，資金調達を円滑に進めるため，地方の名望家や富豪が取締役のポストを占有していたが，第1次世界大戦期以降における景気の変動や経営資源の増加，多様化が進み，株主重役では対応が困難になっていった状況を示した。そして，そうした変化に対応しえたのは，現場のなかでスキルを磨き，組織内における経営資源の流れを熟知した内部昇進の専門経営者であった。

　以上のような結果は，いかなる教訓や含意を私達に与えてくれるのであろうか。それは，経営環境によって，経営者に求められる能力は異なるということである。資本主義初期には，海外の事例を参考に，工場設備や技術を一から導入しなければならなかったため，相対的に資本力不足であった。つまり，資本の価値が高く，ゆえにそれを提供しうる資本家が経営者の地位に就くのは自然であった。そして上述のように，やがて企業が発展し，経営組織が複雑になると，ヒト，モノ，カネなどの諸資源を適切に管理できる経営能力が貴重となった。そのため，長い年月をかけて現場の知識を身に付けた内部昇進者の能力が経営者として求められたのである。このように考えると，現在の社外取締役選任の流れも，長い年月をかけて検討されてきた取締役会構成検討（社内取締役と社外取締役をいかに組み合わせるか）のトレンドの一環であり，それは日本において会社制度が導入されてから，常に議論されてきたことなのである。

　今日，IoT（Internet of Things）や人工知能など，OJT（On-the-Job Training）では得ることが困難な能力が多くの職場で求められている。これからのビジネスマンにとって，組織の垣根を越えて知識を得ることは不可欠であり，

16　本節は，川本真哉「日本の経営者：20世紀の経験」『南山の先生：知が広げる世界観』〈https://www.nanzan-u.ac.jp/nanzan_faculty/foe/ee/012378.html〉に依拠している。

大学や公的機関など積極的に外に向かって知識の獲得を働きかけていくことは
ますます重要となってこよう。

COLUMN 5

専門経営者の学歴

　経済環境の変化と教育制度の整備につれ，戦前期における経営者（特に内部昇進者）の
学歴も変化していった。本 COLUMN では，本章でも用いた43社のサンプルからその推移
を探ってみよう（COLUMN 5：表）。

COLUMN 5：表　内部昇進者の学歴

年	(a)　内部昇進者			(b)　生え抜き			(c)　中途採用		
	観測数	大卒比率(%)	理工系比率（%）	観測数	大卒比率(%)	理工系比率（%）	観測数	大卒比率(%)	理工系比率（%）
1921	27	92.6	48.1	10	100.0	60.0	17	88.2	41.2
1928	37	94.6	37.8	21	95.2	38.1	16	93.8	37.5
1937	64	89.1	54.7	41	95.1	61.0	23	78.3	43.5
1955	180	92.8	46.7	140	94.3	50.0	40	87.5	35.0
1970	334	96.4	44.9	273	98.2	47.3	61	88.5	34.4
1985	429	99.3	49.7	386	99.5	49.5	43	97.7	51.2
2000	319	100.0	42.0	307	100.0	42.3	12	100.0	33.3

注：大卒比率には，旧制高等学校，旧制専門学校の卒業者を含む。

　まず指摘できるのは，高学歴の人材が目立つことである。1921年時点において，大学，
旧制高等学校，旧制専門学校のいずれかを卒業していた内部昇進者の割合は92.6％に達し，
大正末には経営者にとって高等教育の経験は欠かせぬものになっていたことがよくわか
る。
　次に注目すべきは，理工系出身の経営者の比率である。日本のトップ・マネジメントは，
しばしば文系優位といわれてきたが，実際，2000年では6割程度が文系出身となっている。
それに対し，1921年で5割程度が理工系，生え抜きでは6割に達する。その背景として，
（もちろん鉱工業の企業をサンプルとしているという特性もあるが），明治期以降のテクノ
ロジーの希少性から，管理者的人材を採用する際，技術者が優先されたという事情が挙げ
られる（森川 1981）。
　もっとも，1928年には，理工系比率は大きく後退し，文系優位の取締役会構成となって
いる。それには1920年代の経営環境の変化が影響していた。すなわち，不況の長期化にと

もなう資金繰りの重要性，労働問題の対応，多角化や海外進出（紡績会社の織布部門への進出，中国における子会社の設置など）などが相次いで起こり，技術者だけでは対応が困難になったのである。

　それに加え，文系の高等教育機関の充実も大きい。1880年代の東京，大阪，神戸などの各地商業学校，1908年の法科大学の設置に加え，慶應義塾の存在が見逃せない。同校は1890年に大学部を設置し，管理者的人材を実業界の提供に傑出していた。**表5-2**のリストでも，5名の同校出資者が経営トップに立っている。官立，県立のみならず，私学のビジネスリーダー輩出に対する貢献には目を見張るものがあった。

　以降，戦後は文系優位の取締役会構成が続く。技術もマーケティングやファイナンスと並ぶ1つのスキルと捉えれば自然なことかもしれない。ただし，興味深いのは，1937年に理工系出身の内部昇進者の割合が跳ね上がっていることである。1930年代の重化学工業化の流れに乗り電機，金属の分野でそれら人材の登用が図られた。トップ・マネジメントへの文系人材の進出は単線的ではなかったのである。いかなる時代にどのようなトップが望まれるのか。経営者のキャリアに関するより具体的な解明が望まれる。

第 **6** 章 金融恐慌と銀行淘汰

Summary

　　1927年の金融恐慌は，蔵相の国会での失言をきっかけに勃発した。その根本的な原因としては，第1次世界大戦後の不良債権の累積に加え，企業・銀行間の持たれ合い関係，すなわち「機関銀行関係」の影響が指摘できる。実証分析でも，このような関係性を強く有する銀行ほど，休業確率が高いことがわかった。銀行の独立性をいかに担保できるかが，信用不安を防ぐ課題になると考えられる。

Key Words

機関銀行，震災手形，銀行取付，モラトリアム，ロジット分析

1　金融恐慌の現代的意義

　1990年代以降，世界各地で金融危機が発生したことは記憶に新しい。1997年には，韓国やフィリピンなどの自国通貨の価値が暴落し，アジア金融危機へとつながった。ヘッジファンドの空売り攻勢に対し，各国の金融当局が抗しきれず，ドルペッグ制から変動相場制へと移行したことが背景とされた。同じく1997年の日本では，バブル危機の不動産向け融資の焦げ付きなどが原因となり，北海道拓殖銀行，日本長期信用（現新生銀行），日本債券信用（現あおぞら銀行）などの有名銀行，山一証券などの大手証券会社が相次いで破綻し，銀行危機がおそった。一連の経営破綻は，邦銀に対する国際市場での信用不安をかきたて，海外から借入を行う際の利子の上乗せ（ジャパンプレミアム）となって

表れた。2008年には，サブプライムローン（低所得者向け高リスク性の住宅ローン融資）にのめり込み，そのバブル崩壊後の値崩れで打撃を受けたリーマンブラザーズの破綻に端を発し，世界的な金融危機へと波及した。日本においても，日経平均株価が大幅に下落し，2009年3月10日には，バブル後最安値の7,054円を付けた。

　これら危機の過程で明らかになったことは，金融機関のガバナンス欠如，そしてそれを原因とする銀行と企業の持たれ合い関係であった。アジア金融危機では，財閥系金融機関がモニタリング機能を果たさず，その一族や政治家などに情実的な融資（crony lending）を行っていることが問題となった。また，日本の銀行危機前後の局面でも，多くの銀行が，自らのバブル期の失敗を糊塗するために，不動産業などに回収見込みない融資を続け（追い貸し），双方が後に引けない泥沼の関係に陥っていることが明るみとなった。それは，その破綻が一国の信用不安をさらに増幅させるおそれがあることから，"Too Big Too Fail"（大きすぎて潰せない）問題として，公的資金を使った民間企業の救済を行うロジックへとつながった[1]。

　歴史的には，1920年代日本の金融危機（1927年金融恐慌）において，こうした銀行・企業の持たれ合い関係（機関銀行関係）は，金融システムを不安定化させ，信用不安を深化させたことが知られている。なぜ金融恐慌は発生したのか。それに機関銀行関係はどのように関わったのか。さらに，そのような弊害に対し，いかなる対策をたてられたのか。本書の目的は，1910年代の大正バブルの発生，1920年代の慢性不況期，そして1927年の金融恐慌の発生・対応・実証分析の観点から，信用不安への対策のあり方について知見を得ることにある。

1　リーマンショックに関しては，金融と証券の融合が急速に進んだ結果，サブプライムローンという商品のリスクを金融グループとしてガバナンスできていなかったことが原因として指摘されている。

2 金融恐慌へいたる道

2.1 第1次大戦ブーム

金融恐慌を深化させたことの発端は，第1次世界大戦の発生にあった。交戦地となり，生産活動が停滞したヨーロッパ諸国（特に連合国軍）から，日本への軍需品，食料品への需要が高まった。また，同様にヨーロッパへの戦略的物資輸出で活況を呈するアジア市場への繊維を中心とする日本製品の輸出も増加した。さらに，大戦景気に賑わうアメリカからの生糸需要も高まった。結果，1913年には1億4,000万円の赤字だった経常収支が，1917年には9億9,900万円の黒字に，1914年には15億3,000万円の債務超過から，1918年には2億2,000万円の債権超過へ転じ，いわゆる「国際収支の危機」からの脱出に成功した（**表6-1**）。

このような海外需要への活性化に呼応して，国内諸産業も活況を呈した。輸出品を海外に運ぶために，海上運賃や船舶のチャーター料が高騰し，それは海

表6-1 ┃ 対外債務・債権対照表

（単位：百万円）

債　　務		1914.7末	18末	債　　権			1914.7末	18末
外債発行高		1,525	1,313	対外貸付	対外中国借款		55	326
流出内国債見込		86	32		その他		0	541
地方債発行高（1913年末）		177	169	外国証券放資			7	194
社債発行高（同上）		167	166	企業放資	満州		282	556
外国人内地株式放資（同上）		22	27		その他		103	309
計		1,977	1,706	総　　計			447	1,925
（控除）外債（国債・地方債・社債を含む）本邦人所有高見込		14	68					
総　　計		1,963	1,638					

出所：三和・原編（2010），図表4-5.

運業を賑わせた。また，同産業の活性化は，造船業，鉄鋼業の発展へと波及した。特に鉄鋼需要はひっ迫し，大戦末期の1918年には，アメリカとの間で銑鉄の供給を受ける見返りに，それで生産された船舶を提供する日米銑鉄交換条約が結ばれた。

　以上のような景気の浮揚は，企業行動の変化につながった。その象徴的な事例は，紡績会社であり，織布部門への進出（兼営織布），中国での紡績現地生産（在華紡）などの取り組みがなされ，企業の操業規模の拡大，多角化，海外進出が進み，経営管理が複雑化した（これらの経営組織に与えた効果については，**第5章**で取り上げた）。

2.2　ゾンビ企業の発生

　第1次世界大戦は1918年11月に協定が結ばれ終わりを迎えたが，1919年夏頃からは，日本には大戦期を上回るブームが訪れた。その背景には，アメリカからの生糸需要が継続したことと，同国の金本位制の復帰（1919年7月）があった。アメリカとの貿易において，輸出超過であった日本へ正貨が流れ込み，それはマネーサプライの上昇をもたらした。ただ，問題であったのは，そうした貨幣の行先が，株式，商品，土地への投機に向かったことであった。大戦の終結とともに，かつての海運，造船などのブームを牽引した産業の需要が縮減したためである。その結果，東京株式取引所の1株平均価格は，1920年3月に188.2円の最高値をつけた。投機ブームは過熱し，バブルの様相を表し始めたのである（**表6-2**）。

　ただ，いつの時代でもそうであるように，バブルの崩壊は突如訪れる。1920年3月，株式取引所で大暴落が起こり（**表6-3**），各種商品，株価，地価が崩落した（戦後恐慌）。それをきっかけに，大戦景気で融資を増やし，それが大戦後に不良債権化していた中小銀行（増田ビルブローカー銀行，七十四銀行など）や，大戦期にいたずらに事業を拡大した二流商社（茂木合名，久原商事，古河商事など）が破綻，あるいは整理されるにいたった。これらの一部の企業は日銀特融での延命が図られた。以降，これら戦後恐慌で傷を負った不採算企業（今日風にいえば，ゾンビ企業）の温存，その処理が，1920年代の日本経済の課題として重くのしかかった。

表6-2 ┃ 1920年恐慌の諸指標

(1920年各月中の最高・最低値)

		最高	(月)	最低	(月)
株式	東京株式取引所 売買株数（万株）	658.0	(3)	143.0	(7)
	同上 1株平均株価（円）	188.2	(1)	76.7	(10)
	同上 東株価格（円）	549.0	(3)	100.5	(9)
	大阪株式取引所 売買株数（万株）	286.0	(3)	60.0	(9)
	同上 1株平均株価（円）	260.8	(3)	114.4	(10)
	同上 大株価格（円）	510.1	(3)	87.2	(10)
商品	東京卸売物価指数	425.0	(3)	272.0	(12)
	米（東京・正米）（円）	54.6	(1)	26.3	(12)
	綿糸（大阪・先物）（円）	649.1	(3)	221.1	(10)
	綾木綿（大阪・現物）（円）	22.5	(3)	7.3	(12)
	綿花（大阪・米綿現物）（円）	145.5	(3)	58.0	(12)
	生糸（横浜・現物）（円）	4,360.0	(1)	1,100.0	(7)
	銑鉄（東京）（円）	151.7	(3)	95.0	(10)
	電気銅（大阪）（円）	59.6	(1)	39.0	(12)

注：「東株」は東京株式取引所株式，「大株」は大阪株式取引所株式，米は1石，綿糸は180kg，綿花は100ポンド，
　　生糸は60kg，銑鉄は1トン，電気銅は60kg当たりの価格。
出所：三和（2012），表8-7．

表6-3 ┃ 金融恐慌発生のプロセス

年月	出来事
1920年3月	東京株式市場の大暴落（反動恐慌）
	→日本銀行による特別融資
1923年1月	関東大震災
	→震災手形処理
1927年1月	衆議院予算委員会での片岡蔵相の失言
	→銀行取付の発生（金融恐慌の第1波）
1927年3月	台湾銀行による鈴木商店への新規融資停止
	→ 鈴木商店の営業停止，台湾銀行の休業（金融恐慌の第2波）
1927年3月	銀行法公布
1927年4月	銀行取付の全国的波及（金融恐慌の第3波）
	高橋蔵相による恐慌鎮静化措置（モラトリアム公布など）

出所：三和（2012），横山（2021）より作成。

2.3　震災手形処理問題

　以上の状況をより深刻化させたのが，1923年9月の関東大震災の発生であった。マグニチュード7.9の地震が首都を直撃し，死者10万人，建物の被害55億円の被害を受けた。こうした事態に直面し，政府が措置したのが地域金融システムの維持であった。地域内における金回りがストップすることにより，「銀行の破綻→融資先企業の倒産→失業の増大」の連鎖に歯止めをかけ，地域経済を下支えしようとしたのである。具体的には，震災手形という制度が採用された。そのメカニズムは次のとおりである。通常，商品の代金として買い手Bから売り手Aに移った手形は，銀行に持ち込まれ，期日がくると，その代金は買い手Bに請求されることになる。ただ，買い手Bが被災企業の場合，その手形を日本銀行が代わりに立て替えてやり，買い手Bに資金繰りの猶予を与えようというのが，この制度の主旨である（**図6−1**）。

　震災で打撃を受けた地域内における資金循環を維持しようという以上の制度には，一定の正当性があるように映る。ただ，問題はその中身であった。いまから思えば，制度の実行を急ぐあまり，対象となった銀行・企業の選定は杜撰

図6−1　震災手形の仕組み

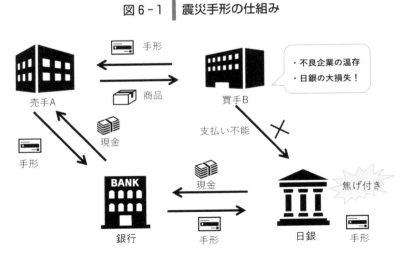

出所：NHK高校講座HP（日本史ライブラリー）に掲載されていた資料を参考に作成。

表6-4 ▎震災手形の残高

(単位：百万円)

震災手形所持銀行	1924年3月までの総額	1926年12月末の未決済高	大口債務者
台湾	11,523	10,004	鈴木，久原，山本，浅野
藤本ビル・ブローカー	3,721	218	
朝鮮	3,599	2,161	日魯漁業，日米生糸，セールフレーザ，高田商会，鈴木
安田	2,500	0	
村井	2,043	1,520	村井
十五	2,007	0	国際汽船，国際信託，早川電力
川崎	1,973	372	大同電力，鈴木
近江	1,342	932	大葉久吉
その他	14,409 (88行分)	5,474 (44行分)	
合計	43,081	20,680	

出所：三和・原編（2010），図表4-50.

であり，その大口債務者は，すでに大戦期の投機で失敗し，震災前から痛手を負っていた鈴木，久原，古河などの二流商社，債権者はそれらの機関銀行と化していた台湾銀行，十五銀行などであった（**表6-4**）。

　当初，時の若槻礼次郎内閣は，震災手形所持銀行に対して，公債を交付し，不良債権の正負肩代わりによって処理を図ろうとしていた。ただ，以上のような震災手形の内実がマスメディアによって明らかにされるにつれ，公的資金による銀行，企業の救済を批判する世論の声が高まっていった。

2.4　そして恐慌と混乱へ

　そして，以上のような1920年代を通じて糊塗されてきた矛盾が爆発したのが，1927年3月の金融恐慌においてであった。恐慌は3つの波をもって発生した（高橋・森 1993；前掲**表6-3**）[2]。きっかけは，ある閣僚の失言からであった。14日，若槻内閣・片岡直温蔵相は，衆議院予算委員会にて，公的資金による銀

───────────────

2　横山（2021）では金融恐慌を2つの段階に分け，3月を銀行の健全性を疑う資金シフト，4月を銀行の流動性供給機能を疑うために起こったパニックと整理している。

行救済が喫緊な課題であることを野党に伝えるために，「現に今日正午頃に於て東京渡辺銀行が到頭破綻致しました」と答弁した。ただこれは誤りであり，実際には，同銀行は資金繰りをし，営業を続けていたのである。この誤った情報が翌日，新聞で報道されると，銀行取付が渡辺銀行とその子会社であるあかぢ貯蓄銀行をはじめ，八十四，中沢，村井，左右田の中小銀行に波及し，休業に追い込まれた（金融恐慌の第1波）。

　こうした金融システムの動揺の兆しに対し，政府は震災手形処理法案を可決させたことから，いったんは恐慌は沈静化するかにみえた。ところが，3月末，政府救済の条件として，台湾銀行による鈴木商店への「絶縁」（新規融資停止）が決定されると，4月5日，鈴木商店は営業停止を余儀なくされた。この結果，同行の対鈴木向け不良債権の回収の道は閉ざされ，危険を察知した市中銀行は台銀からコール資金をいっせいに引き上げた。そして遂には，日本銀行から台銀への新規融資も停止された（同13日）。政府は，緊急勅令による台銀救済案を提出したが，枢密院にて否決され，4月18日，台銀は休業を決定した（金融恐慌の第2波）。この責任を取って，若槻内閣は総辞職したことから[3]，憲政会内閣による金融システム安定化への試みは，暗礁に乗り上げてしまった。

　一連の台銀の鈴木に対する絶縁から台銀自体の休業にいたる流れは，預金者の心理的不安を著しく増幅させた。台銀と同日に関西有力銀行であった近江銀行が，そして21日には十五銀行が休業を発表した。これら有力銀行の休業が明らかにされると，民衆は銀行の預金引き出しのために店頭に殺到し，1927年1月から9月までの間に44行が休業に追い込まれた（金融恐慌の第3波）。ここに信用不安は極限に達し，恐慌となって全国へと広がったのである。

2.5　恐慌の終息とその帰結

　こうした事態に対し，後を受けた政友会・田中義一内閣は，蔵相に高橋是清を起用し，事態の鎮静化に努めた。高橋が行った措置は下記のとおりである。

　　①　預金者心理をいったん落ち着かせるための銀行休業（2日間）。

3　枢密院には，公的資金による「政商」を救済することへ疑問視する意見のほか，対中穏健姿勢を採った幣原外交に反発する勢力が根強く存在しており，同提案への反対票が多く集まったとされる。

②　支払猶予令（モラトリアム＝大口預金の支払停止）の公布。
③　預金者を安心させるための日本銀行券の大量印刷，その各銀行支店への供給。
④　台湾銀行・普通銀行の救済（銀行特別融通及損失補償法・台湾金融機関資金融通法）

　特に，③に関しては，その供給を迅速にするために，裏面が白紙の日銀券が印刷されたことは，よく知られた話である。これら一連の措置が功を奏して，パニックは同年夏前には収束に向かっていった。
　では，以上のような金融恐慌の発生とその帰結は，どのような影響を日本経済に与えたのであろうか。その第1は，預金者の利益棄損である。当時は今日のような預金者保護，ペイオフ規定がなかったため，休業銀行に対する預金額に払い戻し額が足りない場合，その損失はすべて預金者に帰された。明らかとなっている事例では，払い戻し率は5割から6割強に過ぎない（高橋・森垣1993）。
　第2の影響は，銀行統合が進んだことである。そのきっかけの1つに，銀行法の制定がある（1927年）。その主な内容は，①最低資本金額の制定（100万円，特定地域では200万円）と，②銀行・企業間の役員兼任関係の制限にあった（この制限がなされた理由については後述）。①の制定は，単独での増資による充足を認めなかったため，統合による資本金の充実化を促し，弱小銀行の整理をもたらした。1928年には，統合銀行数は222を数え，統合の対象となった銀行は前期末の銀行数の17％に相当した（図6-2）。そして，その過程で比較的経営が安定している都市銀行，郵便貯金に預金が移動し，5大銀行への預金集中度は，1935年には4割超に達した（表6-5）。
　恐慌の結果，金融システムの安定化という理由のもと，監督省庁の権限強化と大銀行への資金集中が図られ，地域銀行は資金的に余力がある都市銀行への従属下に置かれるという産業構造が形成されたのである。

図6-2 ┃ 戦前における普通銀行の統合件数および統合割合

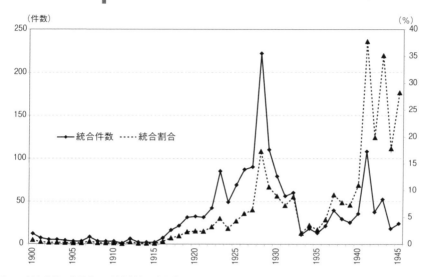

注1：統合件数は左目盛り，統合割合は左目盛り。
注2：統合割合は，当年の統合件数を前年末の普通銀行数で除して求めた。
出所：後藤（1991）表4，表27より筆者作成。

表6-5 ┃ 5大銀行への集中

年末	5大銀行合計（百万円）			全国普通銀行合計に占める割合（%）		
	払込資本金	預金	貸出金	払込資本金	預金	貸出金
1900	14	78	77	5.8	17.8	11.6
10	37	255	215	11.7	21.5	17.2
20	178	1,570	1,236	18.5	26.9	20.9
25	283	2,106	1,628	18.9	24.1	18.4
26	283	2,233	1,788	18.9	24.3	20.7
27	291	2,818	1,940	19.6	31.2	24.3
28	291	3,130	1,935	21.1	33.5	25.6
29	323	3,210	2,013	23.4	34.5	27.8
30	323	3,187	2,009	24.9	36.5	29.5
31	323	3,169	2,062	25.9	38.3	31.3
32	323	3,430	2,072	26.5	41.2	33.0
35	323	4,225	2,295	28.5	42.5	37.1
	(395)	(5,340)	(2,789)	(34.8)	(53.7)	(45.0)
40	323	10,304	6,477	33.0	41.8	46.8
	(395)	(12,893)	(7,854)	(40.3)	(52.3)	(56.8)

注：5大銀行は三井・三菱・安田・住友・第一。1933年12月に，鴻池・三十四・山口3銀行の合併によって三和
　　銀行が設立され，6大銀行体制となったので，1935年，1940年の下段（　）内には，6大銀行合計を掲げた。
出所：三和・原編（2010），図表4-58.

3　機関銀行関係：2ケース

　それにしても，なぜこれほどまでに急速に銀行取付が全国に波及したのであ
ろうか。それにはもちろん，銀行数が今日と比べものにならないほどに多く，
個々の銀行の規模が小さく，経営体力が脆弱であったことが挙げられる。

　ただ，それにも増して，金融システムを不安定化させた原因がある。いわゆ
る「機関銀行関係」である。これは「一般に銀行の株主が特定の企業ないし企
業グループの株主と共通であり，その企業ないし企業グループに優先的に貸出
を行うような銀行」（寺西 2003：155）を示す。こうした事業会社による銀行
支配の関係は，融資先企業サイドからみれば，プロジェクトの成算を度外視し

た融資の判断を受けるとともに，融資後のモニタリングの欠如をもたらし，企業経営への規律を失わせる。また，銀行サイドからみた場合，当該企業への融資の集中を意味し，分散投資の原則の不徹底により，リスク耐性を低下させる。このような機関銀行関係が中小銀行を中心にはびこっていたことが，金融システムを不安定化させ，恐慌を深化させたといわれている[4]。

3.1　鈴木商店 – 台湾銀行のケース

　機関銀行関係でしばしば挙げられるのが，鈴木商店 – 台湾銀行，川崎造船所 – 十五銀行の事例である[5]。

　前者については，鈴木商店が，台湾の代表的製品である樟脳の販売権を得たことが関係形成のきっかけとなった。台銀はそもそも特殊銀行であり，南方経営の資金的融通を図ることを本来の業務としていたが，大正期に入ると，内地企業への貸出に力点を移し始めた。以降，鈴木商店の資金需要に応じることとなった。こうした両者の関係は，大戦景気の乗って鈴木商店の事業が伸長している間には問題は生じなかったが，大戦が終わり，需要が縮小すると，揺らぎ始めた。失地回復を期する鈴木商店は投機を重ね，傷を大きくした。台銀側も，鈴木商店への融資が焦げ付き，自身へ波及するのを恐れ融資を継続した。結果，1926年には，台銀の貸出のうち48.9％が鈴木商店系を占めるに至った（**表6-6**）。

　以上の両者の関係について，高橋・森（1993）では「この台銀の異常な業務内容は，多言を要するまでもなく，両者の腐れ縁を物語っている。すなわち，鈴木は台銀の死命を制する立場にあり，切ろうにも切りえぬ関係ができていたのである。鈴木はまたこの関係を利用して追貸を強要し，これを繰り返していくうちに行きつくところまで行きつくことになった」（113頁）といみじくも語っている。

4　もっとも，寺西（2011）では，財閥系企業は自己金融の傾向が強かったこと，少数の富豪が銀行・企業の役員を兼任していただけで，すぐさま両者の密接な関係を意味するわけでない，などの理由から，当時の機関銀行の一般性について，疑問を投げかけている。

5　両ケースは，事業家が設立した銀行ではないため，厳密には機関銀行の定義には当てはまらないかもしれないが，取引関係が野放図に拡大し，やがて両者を破綻にいたらしめたという点において，機関銀行関係の本質をついていると捉えられるため，ここで取り上げた。

表6-6 ┃ 鈴木商店と台湾銀行

（単位：万円）

鈴木の台銀等よりの借入			台銀の鈴木への貸出		
	1922末	1924末		1922末	1927.4.16
台湾銀行（A）	17,737	24,683	鈴木合名および鈴木商店	26,103	27,842
その他銀行等	14,905	14,939	関連会社	1,487	7,387
借入金計（B）	32,642	39,622	鈴木関係計（A）	27,590	35,229
A/B（%）	54.3	62.3	（うち固定貸）	(25,000)	(32,246)
			台銀貸出高計（B）	78,633	72,076
			A/B（%）	35.1	48.9

注：鈴木商店が記帳した対台銀債務額は，同社が支払承諾勘定を記帳しない等により，台銀の記帳額とは多少相違する。
出所：三和・原編（2010），図表4-54.

3.2　川崎造船所-十五銀行のケース

　他方，川崎造船所と十五銀行との関係は，後者が前者と取引関係にあった浪速銀行，神戸川崎銀行，丁酉銀行を1920年に吸収合併したときを起源とする（このケースにおいては，新十五銀行の頭取には，川崎造船所社長・松方幸次郎の実兄である松方巌が就いており，より機関銀行関係が明確であった）。1920年といえば，景気後退の様相が明瞭になっていた時期でもあり，川崎造船所は大戦期に拡張した資産の粉飾（評価益計上）と，それに基づき，投資家の歓心を買うための配当を維持し続けた。そして，その政策に資金的バックアップをしたのが，川崎向け融資が不良債権として顕在化し，自ら破滅してしまうことをおそれた十五銀行経営陣であった。1927年には，同銀行の貸出のうち36.5%が松方系の貸出にあてられている（**表6-7**）。

　まさに両ケースとも，企業・銀行経営陣の射幸心と，その失策を糊塗しようという保身が，当事者の傷を深くし，やがて一国の経済を揺るがすまでに傷口を大きく広げたのである。

表6-7 ┃ 十五銀行の松方一門貸出

(1927年5月末残高)

	貸出額 (千円)	総貸出に占め る割合（%）
松方幸次郎関係		
個人貸	2,421	0.6
川崎造船	40,811	10.5
松商会	13,240	3.4
国際汽船	10,969	2.8
合　計	67,441	17.4
松方五郎関係		
個人貸	544	0.1
常盤商会	32,261	8.3
同久慈製鉄分	5,098	1.3
東京瓦斯電気工業	21,066	5.4
合　計	58,969	15.2
松方正熊関係		
個人貸	954	0.2
帝国製糖	11,078	2.9
合　計	12,032	3.1
松方正彰個人	2,109	0.5
松方正雄個人	883	0.2
松方義輔個人	185	0.0
松方巌個人	18	0.0
総　計	141,781	36.5
十五銀行総貸出残	388,000	100.0

出所：高橋・森垣（1993），表13.

4　データ分析紹介：機関銀行関係と銀行休業

4.1　推計モデルと変数

　では，以上のような状況は，戦前期においてシステマティックに発生してい
たのであろうか。ここでは，金融恐慌期における銀行休業の要因を分析した
Okazaki et al.（2005）を紹介しよう[6]。同研究では，1927-1929年までの普通

表6-8 ▎基本統計量（説明変数）

変数	定義	観測数	平均値	標準偏差	最小値	最大値
ROE（%）	当期純利益／自己資本	1007	13.28	7.92	0.00	73.22
貸出比率（%）	貸出／預金	1007	2.11	11.13	0.00	310.45
資本金比率（%）	自己資本／預金	1007	1.04	7.06	0.04	195.10
預金準備比率（%）	準備金／預金	1007	0.20	1.65	0.00	52.14
企業規模	総資産対数値	1007	14.75	1.36	10.95	20.46
被災地ダミー	銀行本店が東京，神奈川，千葉，埼玉県にある場合＝1，それ以外＝0	1007	0.10	0.40	0.00	1.00
役員兼任数	銀行役員の他社役員兼任数	1007	7.26	10.00	0.00	88.00

出所：Okazaki et al.（2005），Table4.

銀行1007行をサンプルとしている。被説明変数は，この期間における銀行休業の有無であり（休業＝1，非休業＝0），ダミー変数になっているため，ロジットモデルが利用されている。

　銀行休業ダミーに影響を与えると想定する説明変数は，平均役員兼任数（対数値），総資産対数値，被災地ダミー（震災を受けた地域に本店あり＝1，本店なし＝0），自己資本預金比率（自己資本／預金），貸出預金比率（貸出／預金），預金準備比率（預金準備／預金），ROE，である。ここでの分析の焦点は，機関銀行関係の強弱を表す平均役員兼任数である。仮に，銀行役員による事業会社の役員兼任数が多く，複数の企業と機関銀行関係を深く結んでいる銀行ほど，融資先企業の経営悪化の影響を受けやすくなり，それだけ銀行経営に打撃を与えるであろう[7]。

4.2　推計結果

　推計結果は，表6-9である。全銀行（1,007行）をサンプルとして場合（列(1)），自己資本預金比率はマイナス，貸出預金比率はプラスとなっている。自

6　このほか，役員兼任関係の銀行の休業や収益性に与える影響を考察したものとして，岡崎・澤田（2003），横山（2005）がある。

7　同研究のサンプルのうち，83%（836行／1007行）で事業会社との役員兼任関係が観察され，銀行役員の兼任数は平均7.26に達した（Okazaki et al. 2005; Table 4）。表6-8参照。

表6-9 ▎ 銀行休業の決定要因（ロジットモデル）

	全体 (1)	小規模 (2)	中規模 (3)	大規模 (4)
役員兼任数（対数値）	0.2229	0.7079*	0.0023	0.1848
	(0.178)	(0.3908)	(0.324)	(0.2375)
総資産（対数値）	0.1455	-0.4145	0.8281	0.025
	(0.1205)	(0.8844)	(0.8486)	(0.1878)
被災地ダミー	0.3384	0.0248	0.5568	0.2515
	(0.3397)	(0.9417)	(0.7372)	(0.4198)
資本金比率	-2.3687***	-1.4155	-2.9971	-3.0579***
	(0.7884)	(0.8454)	(0.9519)	(1.1041)
貸出比率	0.0741**	0.2951*	0.0786	0.0819*
	(0.0292)	(0.1268)	(0.0367)	(0.0494)
預金準備比率	-1.0164	2.8106	-1.051	-4.1358***
	(1.6613)	(2.2384)	(2.3658)	(2.0337)
ROE	-0.0335	-1.1407***	-0.0529	-0.0154
	(0.0297)	(0.0524)	(0.0665)	(0.0302)
定数項	-3.8038**	2.191	-13.1694	-0.5059
	(1.6987)	(11.7678)	(12.3022)	(2.7993)
観測数	1007	335	336	336
対数尤度	-221.369	-24.1885	-64.6369	-122.402
疑似 R^2	0.1107	0.1959	0.0791	0.0616

→ 銀行役員の事業会社との役員兼任数が多くなるほど，その銀行は休業する確率が上がる（＝機関銀行の弊害？）。

注1：上段は係数を，下段括弧内は不均一分散に頑健な標準誤差を示す。
注2：***，**，*はそれぞれ1％，5％，10％水準で有意であることを表す。
注3：擬似 R^2，対数尤度については第1章を参照。
出所：Okazaki et al.（2005），Table7.

己資本が充実している銀行ほど，あるいは（貸出に比し）預金をとどめておいている銀行ほど，経営体力とショックに対する耐性が高く，休業確率が低いという結果になっている。ただし，この推計では，役員兼任数は非有意であり，休業確率に影響を及ぼしていない。

　そこで，銀行の規模によって役員兼任関係の影響が異なるかを観察するために，銀行の総資産規模でサンプルを三分割して分析をしなおしたのが列(2)から(4)である。小銀行のサンプルにおいて，役員兼任数は，大中規模サンプルで非有意であるのに対し，小規模銀行ではプラスの係数を取っており，同変数が高いほど，休業確率も高まることを意味する。すなわち，機関銀行関係は，特に

小規模銀行において深刻であり，金融市場でネガティブな評価を受けていたと推測できる。経営組織が整った財閥系銀行がモニタリング目的で役員を派遣していたのに対し，地方では上記のような意味合いで，産業企業の資金を支えることをもっぱらの目的として小規模銀行が設立される事例が多く，それだけ機関銀行関係に陥りやすかったことが影響しているものと理解できる。

5　銀行退出と預金者保護

　以上，1920年代の金融危機について，機関銀行関係という企業・銀行間の癒着関係から考察してきた。特に，そこでの本質的な問題は，杜撰な融資をする際の審査，融資後のモニタリングが，融資先企業から規律を失わせるとともに，銀行経営が分散融資という原則から逸れることにあることがわかった。こうしたチェックの甘さは，不良債権の発生→表面化させないための追い貸し→不良債権の累積をもたらし，一国の信用不安に直結するまでに当事者のダメージを深くした。そして，そうした持たれ合い関係の弊害を克服するために，銀行・企業間の役員関係の制限，すなわち銀行経営の独立性の維持が重要であることが示された。こうした金融恐慌の発生と事後処理をめぐる経験は，持株会社による金融グループの形成や，社外取締役の招聘など，財界における人的ネットワークが複雑化していく今日のコーポレート・ガバナンスの方向性に対し，含意を提供してくれている。

　ところで，金融危機の結果，どのようなステークホルダーがもっともダメージを負うのであろうか。それは預金者を含む国民である。1927年の金融恐慌では，破綻銀行からの払い戻しが著しく低位であったことは，先に示したとおりである。ただ，破綻処理のあり方によって，その払い戻し率に差異があったのかについては明らかにされていない。たとえば，破綻して市場から退出した銀行と，統合によって存続した銀行とを分けたものとは何だったのか。また，前者と後者では，預金者保護の程度に差はあったのか。戦前期銀行業の実証分析は休業要因が主たる対象としており，統合要因に関する分析はない。特に，銀行法制定後に，統合へ参加した銀行と消滅した銀行との差異，および両者の預

金者利益の違いを検証することは，今後の銀行の破綻処理のあり方を考えていくうえで，興味深いテーマであろう。

COLUMN 6 ─────────────────────────

ゾンビ企業と清算主義

　　1920年の反動恐慌以降，日銀特融や震災手形によって延命している「ゾンビ企業」は日本経済再生の足かせと認識されていた。それら企業の市場からの一掃に乗り出したのが，民政党・浜口雄幸内閣（1927年7月成立）で蔵相に就任した井上準之助であった。井上の構想は，デフレ政策を行い，低生産企業を淘汰することで，産業構造の高度化が実現され，「真の好景気」が訪れるというものであった。こうした経済政策の考え方は，「清算主義」と呼ばれる。

　　井上は，この経済政策の実行にあたって，「金本位制」への復帰を利用しようと考えた。金本位制とは，①各国通貨と金の兌換自由，②各国からの金輸出自由を保証したうえで，金を基軸に，各国通貨の取引を結びつけようという制度である。各国通貨の取引レートは，各国通貨の金の交換レートによって決定されることになる。金本位制の導入には，「為替・国際収支の安定化」というメリットのほか，一流国の証というアピールの効果もあった。1920年代には，第1次世界大戦の影響により，金本位制を離脱していた先進国が次々と復帰するなかで，（1917年に停止していた）日本でも復帰のタイミングが議論となっていた。井上は，この復帰の際，当時の100円＝46.5ドルの実勢相場ではなく，離脱時の100円＝49.845ドルの旧平価（つまり，日本にとっては円高レート）で復帰しようと試みた。井上は，あえて旧平価での復帰を目的とし，その手段として金融引き締めや緊縮財政を行うことで，円安是正や物価引き下げを行いつつ，低生産企業を淘汰しようとしたのである。

　　ただ，井上のプラン実施はタイミングが悪かった。金本位制解禁の直前にアメリカ発の世界恐慌が勃発して（1929年10月），1930年代初頭には日本は内需減と外需減のダブルパンチに見舞われることになったのである。株価，商品価格，利潤率，賃金が軒並み急低下した（COLUMN 6：表）。井上財政は「荒れ狂う暴風に向かって雨戸を開け放つようなもの」とも表現された。結局は，財界からの要望や，閣内不一致による若槻礼次郎内閣の総辞職により，井上もその地位を追われ，政友会・犬養毅内閣の下で高橋是清が蔵相に就任し，金本位制の離脱が決定された。

COLUMN 6：表 ▌昭和恐慌期の指標

（1929年＝100）

		1928	1930	1931	1932	1933	1934	1935
価格	米	106.2	87.4	63.5	72.8	73.7	89.9	102.3
	マユ	91.5	43.7	42.8	49.3	74.6	35.2	63.4
	生糸	100.8	65.8	45.1	53.2	57.8	40.7	54.4
	綿糸	101.4	65.5	56.1	63.7	88.5	93.5	91.0
	鋼材	108.5	76.6	62.8	71.3	104.3	107.4	98.9
生産量	米	101.3	112.3	92.7	101.4	118.9	87.0	96.5
	マユ	91.9	104.3	95.1	87.7	99.1	85.4	80.4
	生糸	93.7	100.6	103.5	98.2	99.6	106.8	103.5
	綿糸	87.8	90.4	91.9	100.6	111.0	124.3	127.5
	粗鋼	83.1	99.8	82.1	104.6	139.4	167.6	205.1
官営工場労働者数		99.1	90.0	81.7	82.0	89.9	100.2	109.7
民営工場実収賃金		101.4	95.0	87.3	84.8	85.9	87.8	87.7
銀行会社新設増資		97.2	66.4	65.0	49.1	108.2	174.5	144.2
全国手形交換高		108.1	81.0	72.5	83.1	105.4	101.5	100.6
株価（東京）		125.1	61.7	62.7	78.6	113.1	138.0	126.3

出所：三和（2012），表10-4.

　今日からみた場合，井上財政は，どのように評価できるのであろうか。その1つは不況下における構造改革路線の失敗という点である。以降，不況対策としては，拡張的財政金融政策が標準となっていった。ただし，その後の高橋財政期において繊維産業の輸出伸長にとって，井上財政期における物価と賃金の切り下げがあった点も見逃せない（この点ではゾンビ企業の退治は，国際競争力の強化に寄与した）。さらに，バブル崩壊後には，積極的な財政・金融政策（いわゆる「リフレ政策」）も，十分な役割を果たさなかったことも事実である。何を経済政策の「標準」とするかの模索は，今後も続くのであろう。

第 7 章 M&A の経済機能

Summary

　戦前期において M&A は企業成長，事業再構築のツールとして有効に機能していた。買収時には厳密なデューデリジェンス（資産査定）が行われ，買収後の経営効率化に寄与した。また，大型合併といえども主導権が明確化され，ときには被買収企業の経営陣は総交代を余儀なくされた。さらに，そのうえで，買収企業から被買収企業のへのノウハウの移転が実現され，グループ全体の価値が引き上げられた。

Key Words

　合併，買収，シナジー，経営規律，PMI，多項ロジット，差の差の分析（DID）

1　活発化する M&A とその成否

　戦後の長い間，M&A は日本企業にとって身近な存在ではなかったが，近年，その勢いは急激に増してきている。2000年代半ばに第 1 のブームを迎え，その後，リーマンショック後の停滞を挟み，現在，第 2 のブームに入っている（**図7－1**）。2019年には日本企業が関与した M&A 件数は4,000を超えた。こうした M&A の発生の背景には，後述するような，バブル崩壊後の需要減少，規制緩和，技術革新などの実物的要因に加え，高株価を背景とした金融的要因が作用している。

　また，M&A のフィールドは，国境を越え，海外にまで広がってきている。2007年から2016年の類型で，金額ベースでは60％超が IN-OUT 型（日本企業

図 7 - 1 ┃ 日本企業が絡む M&A（件数）

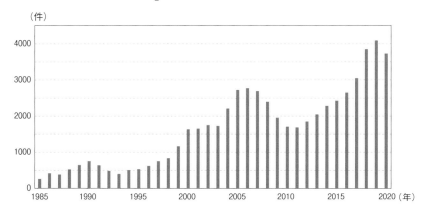

出所：レコフデータ『日本企業の M&A データブック　1985-2007』，同『マール』，同『レコフ M&A データベース』より筆者作成。

図 7 - 2 ┃ 日本企業が絡む M&A（金額）

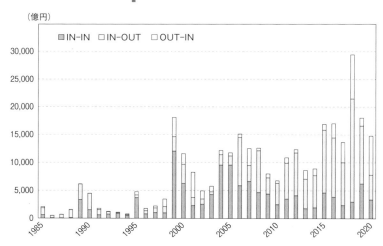

出所：図 7 - 1 参照.

による海外企業買収）に該当した（宮島 2020）。いわゆる「クロスボーダー
M&A」が活況を呈している（**図 7 - 2**）。

　もっとも，日本企業のM&Aの戦績はあまり芳しいものではない。たとえば，日本企業による海外企業買収を調査した松本（2014）では，①買収事業の継続保有と②中長期的な利益伸長の2点から，M&Aの成否を判定し，9割を超える企業がこれらの条件をクリアーしていないと報告している。その原因として，規模の大きな案件をコントロールする難しさ，取得した企業の競争力を強化するような追加的な買収行動の欠落，などが指摘されている。

　歴史を振り返れば，戦前期においてはM&Aは有力な成長戦略，事業再構築のツールであり，時には敵対的買収という形態でそれが実行された。そして，買収後だけにとどまず，買収時にも事後的な経営効率を改善させるような準備が用意周到になされていた。当時の企業買収の経験から，今後のM&Aの実務にとって，学ぶ点も多いであろう。そこで本章では，戦前期におけるM&Aブームであった，1920年代と1930年代のM&Aが企業価値向上に果たした役割について取り上げ，今日の企業経営へのインプリケーションを得ることを目的とする。

2　M&A の動機

2.1　M&A の発生要因

　そもそも，どのような要因によってM&Aは発生するのであろうか。たとえば，宮島（2007）では，①実物的要因と②金融的要因の側面から整理している。

　①とは，生産性・収益性への正負のショックであり，需要の減少，規制緩和，技術進歩を含む。たとえば，バブル崩壊後の経済成長の停滞，人口減による国内需要の低迷は，1990年代末以降の素材産業（石油，鉄鋼，製紙）や金融部門での統合を促した。

　また，技術革新によっても，M&Aは行われる。ここ20年の目覚ましい情報通信産業の発展は，それらと製造・非製造業を問わず融合を引き起こし，M&Aを通じてネットバンキングなど新産業が生み出された。楽天が自社の通

販サイトの顧客と組み合わせるために金融，放送，出版部門などの企業買収を行ってきたことは，その好例であろう。

　さらに，規制緩和としては，1997年の純粋持株会社解禁が重要であり，持株会社のもとで，傘下企業の法人格が維持されることで，組織文化，人事制度の摩擦を回避した統合を可能にし，経営統合を促した（戦後に純粋持株会社の設立が禁止された経緯については**第9章**で解説する）。

　一方，②は，株式ブームの要因により，買い手企業の株価を対価としたM&Aが行われやすくなる状況を指す。対価として自社株式を使用することで，負債を増やさず，かつ手元資金を節約することが可能となる。株式ブームは，このような要因によって，M&Aの需要サイドだけにとどまらず，それらによって提示される買収価格も上昇するため，供給サイドも増加させ，M&Aブームを形成する有力な触媒となる[1]。実際，1999年度の制度導入以降，株式交換によるM&Aは活用され，これまでのM&A・グループ内再編による上場企業の非公開化1,470件のうち，株式対価が6割超を占めるという[2]。

2.2　M&Aの機能と役割

　以上のような要因が交錯することによってM&Aのブームは発生するが，ではそのもとで，個々の企業はいかなるメリットをM&Aに求めているのであろうか。代表的な動機として，以下のものが挙げられる（Wasserstein 1998；宮島 2007）。

①　規模の経済性：間接部門，研究開発部門の共通化，大量購入によるボリューム・ディスカウントなど，コスト削減効果。

②　範囲の経済性：製造業に強い企業と販売に強い企業の組み合わせ，西日本をテリトリーとする企業と東日本をテリトリーとする企業の組み合わせなど，相乗効果。

1　従来，株式交換を使ったM&Aは完全子会社化することが求められていたため，利用頻度はそれほど高いものではなかった（「現金以外の手法　海外では一般的」『日本経済新聞』2018年10月15日）。ただし，2021年3月会社法改正により，（完全子会社化を必要としない）株式交付による子会社化が認められたことにより，自社株対価のM&Aに弾みがつくことが期待されている。
2　吉富優子「M&A・グループ内再編による上場廃止動向（2）」『MARR』第372号，2021年12月。

図7-3 ▎M&A による経営規律の経路

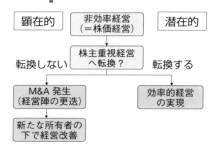

出所：小関・小本（2006），図表10-5．

③　時間を買う効果：海外への進出の際，自前の投資では人材登用，販路
　　開拓，ブランドの立ち上げ，営業権の取得など，時間を要するため，現
　　地企業を買収することで，これらを迅速に手に入れることができる。
④　ノウハウの移転：買収企業・被買収企業間で操業，金融，マーケティ
　　ングのテクニックが相互に伝えられ，グループ全体の企業価値が向上。

　このほか，見逃せないのが経営規律付け効果である。これには，「潜在的」，
「顕在的」の2つの規律付けがある。低パフォーマンス企業に買収が仕掛けら
れ，新たな株主・経営陣の下で，合理化が断行され経営効率の引き上げられる
経路は，実際に M&A が発生したので「顕在的」な規律付けとなる（**図
7-3**）。一方，M&A のターゲットとならぬよう，経営効率を維持するよう自
助努力を促す経路は，実際には M&A は発生していないので，「潜在的」な規
律付けとなる。このように，M&A は顕在的，潜在的な2つの規律付けを通じ，
社会全体の効率性の維持に寄与する。

3　戦前 M&A の概観

3.1　使用したデータ

　戦前期には，今日のような包括的な M&A を調査したデータセットは存在
しなかったため，以下では当時の主要企業が行った M&A の集計を行った川
本・宮島（2021）の調査結果を紹介しよう。

　まず，対象となったのは，金融業を除く製造業，電力，ガス，鉄道の総資産
上位200社（1937年時点）が1921年から1937年までに行った「合併」である。
このランキング作成には，東洋経済新報社『株式会社年鑑』，三菱経済研究所
『本邦事業成績分析』などの企業年鑑が用いられた。一方，M&A の特定には，
神戸大学経済経営研究所経営分析文献センター編『主要企業の系譜図』に大企
業の組織形態の変遷が記されており，ここから合併した企業の名称・時期など
が把握できる。財務データが取得できる34件が被合併として抽出された。

　一方，「買収」については，上記『株式会社年鑑』の株主名簿によって大株
主の変遷が把握でき，他企業に10%以上の株式を取得された企業をピックアッ
プしていった[3]。この結果，70件が被買収企業として選ばれた[4]。

3.2　件数推移と産業分布

　まず，M&A のターゲットとなった企業の件数の推移をみていこう（**表
7−1**）。この期間，合併については定期的に発生しているが，特に1933年以降
に集中する傾向がある（34件中20件，58.82%）。これには，当時の大型合併，
財閥傘下企業の再編などの影響があった。

　3　通常，買収は50%超の株式取得を対象とするが，1899年の会社法改正において，資本金の10分の
　　1以上を保有する株主に対し，取締役に株主総会の招集を請求する権利（160条1項）などの少数
　　株主権が認められたことを考慮して（淺木 2003），ここでは10%以上の株式取得を「買収」として
　　便宜的に扱っている。
　4　「合併」とは，複数の企業が1つの法人格に統合される M&A の形態，「買収」とは法人格は維
　　持したままで過半の株式が所有されることによって別法人の傘下に入る形態を指す。

表 7-1 ┃ M&A 発生件数の推移（1921-1937）

発生年	合併	金額（万円）	吸収	買収	新設	ブロックホールディング（株式取得）			
						10%以上20%未満	20%以上50%未満	50%以上	計
1921	1	1,000	1	0	0	0	0	0	0
1922	2	380	1	1	0	0	0	0	0
1923	4	3,830	4	0	0	0	0	0	0
1924	0	0	0	0	0	0	0	0	0
1925	1	75	1	0	0	0	0	0	0
1926	1	200	1	0	0	1	0	0	1
1927	3	2,652	2	1	0	2	0	0	2
1928	0	0	0	0	0	0	2	2	4
1929	0	0	0	0	0	3	2	1	6
1930	1	0	1	0	0	2	7	0	9
1931	1	1,313	1	0	0	2	5	0	7
1932	0	0	0	0	2	2	2	1	5
1933	7	15,793	4	1	0	2	2	1	5
1934	5	3,250	5	0	0	3	2	0	5
1935	4	5,042	3	1	0	2	4	3	9
1936	3	1,467	3	0	0	0	2	1	3
1937	1	460	1	0	0	4	9	1	14
計	34	35,461	28	4	2	23	37	10	70

注：合併のうち，「吸収」は被合併企業が合併企業に吸収されるもの，「買収」は金銭対価による合併，「新設」は合併・被合併企業の法人格が消滅し，新法人が設立されるものを指す。
出所：川本・宮島（2021），表 1．

　一方，買収は，1920年代後半以降に発生している。1930年代前後においては，恐慌の影響で，収益が悪化し，過剰債務に陥った企業が買収のターゲットとなった。それ以降の局面では，日産コンツェルンに代表されるように，景気回復にともなう高株価を背景に株式交換を利用して買収を行う企業が増加したことが影響していた（以上の合併，買収のケースについては後述）。
　M&A のターゲットとなった企業の産業分布についてみると（**図7-4**），合併では繊維工業が圧倒的に多く（16件），鉄鋼（5件），食品（4件），鉄道（4件）を大きく引き離している。一方，首位株主の交代比率に目を向けると，およそ60%を記録しており，この時期，支配権の移転が活発に行われたことが理解できる。戦後日本企業は銀行，法人株主を中心とする安定的な所有構造を

図7-4 ┃ ターゲット企業の産業分布（1921-1937）

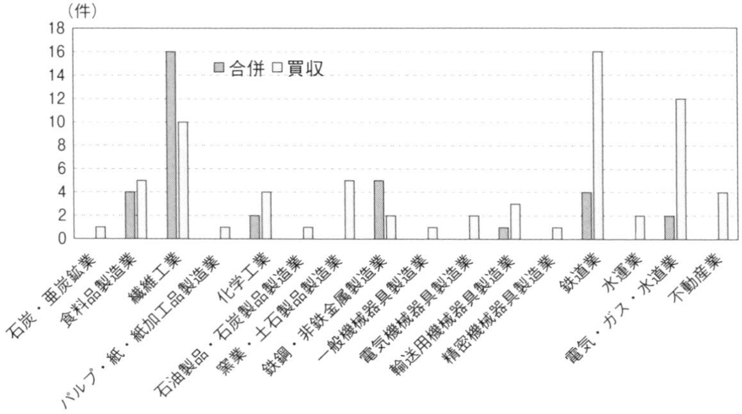

出所：川本・宮島（2021），表2より筆者作成。

有したことで知られているが，それとは異なる流動的な所有構造が戦前には存在したのである。買収の産業分布についてみると，鉄道（16件），電力（12件），繊維（10件），食料品（5件）が中心であったことがわかる。この時期のM&Aの主役は，軽工業とインフラ産業であった。

4 ケーススタディ

4.1 事業再組織化と規模の経済性：1920年代

　1920年代には，繰り返し発生した恐慌によって，パフォーマンスが急激に悪化し，他企業の傘下に入る企業が相次いだ。その象徴的な事例は，鈴木商店グループの解体であり，1927年に台湾銀行からの新規融資が打ち切られると，債務返済不能に陥り，同商店は破綻に至った（**第6章**）。その過程で，鈴木傘下であった日本製粉，帝国人造絹糸（現在の帝人），神戸製鋼所などの有力企業の支配権が他企業に譲渡された。以下では，三井物産の傘下に入った，日本製

粉のケースについて紹介しよう。

　1920年代において，日本製粉は手持ち原材料の価格下落と過去の合併に起因する過剰生産を原因とし，親会社であった鈴木商店と台銀の管理下で経営再建に取り組んでいたが，鈴木商店の破綻により，再建スキームは同社と取引関係にあった三井物産に引き継がれることになった。三井物産は日本製粉の6割超の株式を握ると，①常務・安川雄之助をはじめとする人材を役員として派遣し，資産整理を断行するとともに，②内部統制を強化し，原料購入・製品販売・資金調達を本店のコントロール下に置いた。さらに，③物産と一手販売契約を結び，同社の販売網を用いて，海外への輸出支援を行った（日本製粉 1968；宮島 2007）。これらの事業再組織化が功を奏し，1930年代には業界平均を上回るまでに日本製粉の利益率は回復した（岡崎 1999）。財閥が不適切な経営のために低迷している企業をセンサーし，人材・資金・技術的援助を与えることで，経営再建を実現した事例として語られている。

　もっとも，この期間のM&Aは不振企業だけではなく，成長企業を買収することで，自社設備との融合を図り，シナジーの獲得や，より一層の成長を志向する機能も果たした。たとえば，戦間期に「電力戦」と呼ばれる大電力会社間の競争が繰り広げられていた電力業界では，東京電灯が1916年から1927年の間に19件ものM&Aを実行し，競争優位の確立を目指した。具体的には，都市部で増大する小口，産業用の電力需要に応えるため，都市部近郊の電力会社を傘下に入れることで水力，あるいは火力発電所の大規模化を図り，コスト削減，すなわち「規模の経済性」の獲得を試みたのである（横山 2021）。

　ここで興味深いのは，ターゲット企業の成長性である。たとえば，同社が猪苗代水力電気を合併したケース（1923年）では，後者の合併前年の総資産伸び率は17％を超え，高い成長率を示した。これを踏まえ，東京電灯は猪苗代側と1：1の株式交換で合併を決め，およそ10％のプレミアムを支払った。経営不振で買収が容易な案件ばかりではなく，戦前日本企業は有望企業の成長性を取り込むために，時には相応のプレミアムを支払い，果敢にM&Aを敢行したのである。

表7-2 ┃ 1930年代における大型合併

年	事項
1931	**東洋紡績**が大阪合同紡績を合併。
1933	**王子製紙**が富士製紙と樺太工業を合併（製紙大合同）。
1933	三十四・山口・鴻池の関西3銀行の合同により**三和銀行**設立。
1933	**大日本麦酒**が日本麦酒鉱泉を合併。
1933	旭絹織・日本ベンベルグ絹糸・延岡アンモニア絹糸の日窒コンツェルン傘下3社合併により**旭ベンベルグ絹糸**設立。
1934	1920年代以来，官民双方の懸案であった商工省製鉄所と財閥系製鉄会社（輪西製鉄，釜石鉱山，富士製鋼，九州製鋼，三菱製鉄，やや遅れて東洋製鉄も参加）との合併が実現して**日本製鉄**設立。
1934	三菱造船，三菱航空機が合併して**三菱重工業**設立。
1935	**大日本製糖**が新高製糖を合併。
1935	住友伸銅鋼管と住友製鋼所の合併により**住友金属工業**設立。
1936-37	共同漁業（1937年に**日本水産**と改称）が水産関連各社を相次いで買収。
1939	芝浦製作所と東京電気の合併により**東京芝浦電気**設立。
1939	昭和肥料と日本電気工業の合併により**昭和電工**設立。

出所：阿部（2002），表2-12.

4.2　大型合併，グループ再編，コングロマリット：1930年代

　1930年代には，昭和恐慌（1930年）による不況深刻化，そして高橋財政以降の景気回復の影響が重なり，さまざまな動機でM&Aが行われた。この時期のM&Aの特徴として，第1に，大型合併が相次いだことが挙げられる（**表7-2**）。たとえば，官営と民営の製鉄所が大合同した日本製鉄の資本金は3億円に達した（当時の大企業の目安は，資本金1千万円程度）。

　また，王子製紙主導で成立した製紙業トップスリーの大合同（資本金1億5千万円）は，富士製紙，樺太工業の恐慌を原因とした需要減，債務累積を背景としていた。この統合により王子製紙は業界における価格支配力を握るだけではなく，①合併時に富士製紙，樺太工業の固定資産を圧縮することにより償却負担を軽減するとともに，②各社の技術の長所を活かした操業合理化を図り，経営の効率化を実現したという（武田 2020a）。なお，この統合にあたって重要なのは，新王子製紙の経営陣から，旧富士，旧樺太のトップとして君臨して

いた大川平三郎をはじめ被合併企業の経営陣が排除されたことである[5]。大規模な合同であったが（あったがゆえに），PMI（Post Merger Integration）を円滑に進めるために主導権の明確化が意識されたのである。

第2の特徴は，財閥傘下企業間の合併がみられたことである。1934年には三菱造船が三菱航空機を吸収合併し三菱重工業が，翌年には住友伸銅鋼管と住友製鋼所が合併し住友金属工業が設立された。この動機として，重複投資の解消と技術提携の緊密化が指摘されており（醍醐 1990；宮島 2007），持株会社がグループ全体の企業価値を向上させる目的で，再編を行ったものと捉えられよう。

第3の特徴は，前述の金融的要因がM&Aの促進要因になったという点である。たとえば，日産コンツェルンは，1928年に当時としては珍しい公開持株会社である日本産業を設立すると，満州事変以降の株式ブームに乗って，傘下子会社株式のプレミアム付き公開・売出し→プレミアムや日本産業株との交換を通じた既存企業の買収→取得企業の整理・統合→子会社として分離独立→プレミアムを付けての公開の金融操作を繰り返し（宇田川 1984），鉱業，水産，自動車，化学，炭鉱，機械，水運，電力業などに多角的に展開するコングロマリットを短期間に形成した。

ここで注目すべきは，買収後の経営効率性を考慮して，慎重に合併条件が整えられたことである。たとえば，日本産業と大日本製氷の合併の際には，製氷資産を大幅に減資（3,000万円→750万円）することで圧縮し，買収後の資産効率の改善が目指された。これは「企業の浄化作用」と呼ばれた（和田 1937）。持株会社による大衆資金の動員，株式交換による手元資金の節約，買収時による資産圧縮によるPMIへの留意など，M&Aを通じたグループ経営に重要な示唆を与える好例ともいえる。

5　大川は「王子製紙との統合に際して取締役会会長への就任を望んだが，社内における命令系統の混乱や派閥の形成を警戒した藤原銀次郎社長の強硬な反対により，閑職の相談役に退けられた」（四宮 1997：134）。

5　データ分析紹介：
ターゲット企業の特徴と買収後のパフォーマンス

5.1　被説明変数と説明変数

　では，①戦前期において，どのような企業がターゲットになり，②また，買収後，パフォーマンスは改善したのであろうか。本節では，これらの点についてアプローチした川本・宮島（2021）のデータ分析を紹介しよう。

　まず①については，多項ロジットと呼ばれる方法を用いて検証している。難しそうなネーミングであるが，基本的なコンセプトはプロビットモデル（**第1章**4.6参照）を拡張したものであり，被説明変数が複数カテゴリーのダミー変数となる。ここでは，（M&Aを受けていない企業を0として），合併された企業を1，買収された企業を2として，それらに対しどのような説明変数が影響を与えたかを観察している。

　説明変数としては，パフォーマンス変数として産業平均値を控除した調整済みROEが入っている。これは買い手がターゲット企業の業績を同業他社との業績の差で評価していたのかを確認するためである。これに加え，業績の急激な悪化を捉えるために，赤字ダミー（赤字＝1，非赤字＝0）も挿入されている。

　また，総資産成長率が負の企業のキャッシュフロー比率（現預金／総資産）と負債比率（負債／総資産）が説明変数として入っている。前者は，低成長企業の手元流動性はフリーキャッシュフローになりやすく，そこを狙ってM&Aが仕掛けられる可能性があることを考慮したものである。後者は，過剰債務に陥っていた企業がM&Aの対象になったのかをチェックするための変数である。

　これらに加え，成長性として総資産成長率，企業規模として総資産額（対数値），産業要因として業種ダミー（繊維，電力，鉄道の3部門）が説明変数として設定されている。

5.2　分析の結果

　分析結果は**表7-3**に要約されている。まず，1920年代に関しては，赤字ダミーが被合併企業に対し，負債比率が被買収企業に対し有意に正の係数となっている。大幅に収益を悪化させた企業，および債務過剰企業がターゲットになったと解釈できる。もっとも，この期間には，業績悪化企業だけが対象となったわけではなかった。総資産成長率が被合併に対して有意に正となっており，成長性の高い企業ほどターゲットにされていたという結果も出ている。すなわち，1920年代は第2節で確認したように，M&A の動機として経営規律とシナジー獲得の2つの側面が併存していたと理解できる。

　一方，1930年代には，被買収に対し，調整済み ROE が有意に負となっており，昭和恐慌によって，ライバル企業よりも業績が低迷していた企業がターゲットになったと読み取れる。買い手は当該案件のパフォーマンスそのものだけではなく，業界環境も考慮したうえで介入していたものと判断できる。また，興味深いのは，被合併企業に対し，総資産対数値が正の影響を与えていることである。つまり，規模が大きな企業ほど，合併に参加するということであり，前述の大合併の動きを反映した結果だと考えられる。

　そのほか，繊維ダミーと鉄道ダミーは1920年代に正に有意となっていたが，1930年代にはその効果は消失している。他の産業と M&A の発生頻度は変わらなくなったということであり，M&A のフィールドが広範な業種に広がっていった様子を表している。

表7-3 ┃ ターゲット企業の

| | 1921-32 | | | |
| | (1) | | (2) | |
	1 合併	買収	1 合併	2 買収
ROE	-3.0428	0.8048		
	(2.2075)	(1.6907)		
赤字ダミー			1.8923***	-0.0712
			(0.6924)	(0.5971)
負債比率	1.9822	2.0634**	1.2839	1.9761*
	(1.4716)	(0.9343)	(1.5505)	(1.0378)
フリーキャッシュフロー比率	8.3113	-2.2467	8.1038	-2.1385
	(6.7139)	(4.8017)	(6.4917)	(4.7454)
総資産成長率	2.9137***	-0.7018	3.2858***	-0.6679
	(0.9158)	(1.2043)	(0.9956)	(1.1785)
総資産対数値	-0.2581	-0.1382	-0.1529	-0.1312
	(0.2893)	(0.1424)	(0.2817)	(0.1440)
繊維ダミー	1.9395***	-0.3732	1.8877**	-0.3784
	(0.7523)	(0.5483)	(0.7831)	(0.5485)
電力ダミー	1.0031	0.9428*	1.3041	0.9269*
	(1.2582)	(0.5521)	(1.3432)	(0.5448)
鉄道ダミー	0.1773	0.8856*	0.3342	0.8775*
	(1.3237)	(0.5375)	(1.3660)	(0.5269)
定数項	-5.0964*	-3.8671**	-6.3550**	-3.8903***
	(2.6138)	(1.5040)	(2.6795)	(1.4858)
対数尤度	-228.5585		-225.7686	
観測数	2218		2218	

注1：買収は10%以上の株式取得と定義される。
注2：産業調整ROEから総資産対数値までの説明変数は1期ラグを取っている。
注3：括弧内は企業ごとにクラスタリングしたロバストな標準誤差を表す。
注4：***，**，*はそれぞれ1％，5％，10％水準で有意であることを示す。
出所：川本・宮島（2021），表3．

5.3　買収後のパフォーマンス

　次に，②の点についてであるが，買収1期前から買収5期後までのそれぞれのROEの差分によって観察してみる。もっとも，この数値がプラスになっているからといって，買収の効果だとは単線的に捉えられない。なぜなら，同時

特徴に関する多項ロジット分析

1933-37				
(3)		(4)		
1 合併	買収	1 合併	2 買収	
−0.8177	−3.4646**			
(3.5535)	(1.7613)			
		0.4647	−0.5853	
		(0.8783)	(0.7858)	
0.4534	0.7297	0.3723	1.2758	
(0.8892)	(0.7963)	(0.9458)	(0.8416)	
0.3655	6.6052	0.4860	6.4203	
(8.6505)	(5.4485)	(8.6332)	(5.4797)	
0.2942	0.6436	0.3359	0.1151	
(0.8964)	(1.0918)	(0.9650)	(1.3381)	
0.2647*	0.0802	0.2742*	0.0236	
(0.1606)	(0.1016)	(0.1644)	(0.1077)	
0.5372	−0.4387	0.5404	−0.4318	
(0.5318)	(0.5354)	(0.5264)	(0.5325)	
−1.1931	0.3340	−1.1718	0.2919	
(0.9997)	(0.4982)	(0.9990)	(0.5050)	
0.1409	0.0064	0.0657	0.7316	
(0.6580)	(0.4827)	(0.6908)	(0.5003)	
−7.2848***	−5.2474***	−7.3826***	−4.7943***	
(1.5808)	(0.9995)	(1.6384)	(1.0499)	
−276.1219		−276.6852		
1850		1850		

ROE が買収ダミーに対してどのような効果を持っていたか表す＝ROE が低いほど，買収される確率は高かった。

赤字計上が合併ダミーに対してどのような効果を持っていたか表す＝赤字を計上した企業は，合併される確率は高かった。

に産業全体のパフォーマンスも向上し，結果，当該案件のパフォーマンスも上昇する可能性があるからである。純粋な買収の効果を抽出する方法として，近年用いられているのが DID（Difference in Differences：差の差の分析）と呼ばれる方法である。これは，買収案件の ROE の変化分からその企業の属する産業平均の ROE の変化分を差し引くことで求められる。たとえば，買収案件

図7-5 ┃ DIDの考え方

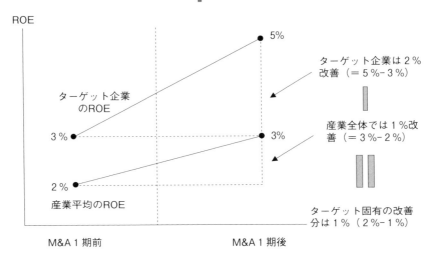

ROE

ターゲット企業は2%
改善（＝5%-3%）

産業全体では1%改
善（＝3%-2%）

ターゲット固有の改善
分は1%（2%-1%）

ターゲット企業
のROE

産業平均のROE

M&A1期前　　　　　　　　M&A1期後

のROEの変化分が2%，同時期の産業平均の変化分が1%であった場合，こ
れを差し引いた1%が買収固有の効果と判断する（**図7-5**）。
　このDIDの結果をみると，買収全体では，4期後から5期後にかけて，
ROEの変化分の平均値がゼロとは異なるという結果になっている（**表7-4**パ
ネルA）。たとえば，5期後においては，ROEの差分が産業平均の差分よりも
4.30%高いという結果になっている。また，財閥介入の有無によってサンプル
を分割してみると，介入が観察されたグループでは4期後以降，収益率の改善
を観察され，産業平均を10%超上回っている（パネルB）。すなわち，この企
業群においては，中期的にパフォーマンスの改善が実現されたのである。買収
された企業が財閥組織の備える内部資本市場に組み入れられ，有形・無形の資
源移転がなされた結果，経営再建が果たされたことが，統計的にも確かめられ
た。

表7-4 買収後のパフォーマンス指標の推移（%）

パネルA：全体

	1期後 N=45	2期後 N=42	3期後 N=41	4期後 N=38	5期後 N=36	5期平均 N=45
ROE	3.56*	2.13	2.37	4.06**	4.30**	3.97**
売上高利益率	-1.18	0.25	3.25	2.86	11.34	3.35
総資産回転率	-1.60	-1.47	2.08	0.27	1.29	-0.57
財務レバレッジ	-11.74	-4.30	-13.56	-0.61	-26.33	-14.24
総資産	-28.25***	-33.52***	-46.87***	-54.20**	-55.68*	-43.09***

パネルB：財閥系企業による買収

	1期後 N=10	2期後 N=10	3期後 N=10	4期後 N=10	5期後 N=10	5期平均 N=10
ROE	10.82	10.11	8.13	12.17**	10.58**	12.07*
売上高利益率	5.41	7.92	11.02	9.47	2.69	7.86
総資産回転率	5.43	2.84	20.18*	18.76**	16.88**	12.61**
財務レバレッジ	48.95	49.00	14.77	55.88	-47.81	43.22
総資産	-53.51***	-32.58	-31.42	-28.88	-21.63	-25.10

注1：アスタリスクは変化率の平均が0とするt検定の結果を表し、***、**、*はそれぞれ1%、5%、10%水準で有意であることを示す。
注2：「5期平均」は統合後5期平均と統合前5期平均の差を表す。
注3：サンプルサイズはROEの変化率のものを記しており、指標ごとに前後する。
出所：川本・宮島（2021）、表7、表8.

被買収企業の買収1期前から5期後のROE
の変化は、買収されなかった企業の同じ時
期のROEの変化よりも、4.3%高かった。

6 企業価値向上に向けて

　以上、戦前期（特に1920年代と1930年代）のM&Aが企業経営に果たした役割についてみてきた。当時のM&Aから得られる教訓は次の2点である。

　第1は、円滑なPMI実現のため、下準備が入念になされる必要があるという点である。たとえば、日産や王子製紙ケースでは、買収をスムーズに進めるため、一見、高値掴みにみえるようなプレミアムを支払ったものの、買収時に

は資産の圧縮，および減資が断行され，事後的な資産効率の向上のための
デューデリジェンス（資産査定）が入念になされていた。また，被買収側経営
陣が更迭を強いられるなど，主導権の所在が明確に定められた。これは，統合
相手に配慮するため，たすき掛け人事や，支店の統廃合などを時間をかけて行
う傾向にある今日の M&A の姿とは大きく異なるものであった。戦前の経験は，
時には買い手がリーダシップを果敢に握り，統合時のタイミングで大胆なリス
トラクチャリングを断行することが，その後の M&A の成否を左右すること
を雄弁に物語っている。

　第2の教訓は，グループ経営の経験が M&A に活かされたという点である。
財閥組織における内部資本市場の存在，その子会社群の統制方法，資源配分の
ノウハウは M&A によって取得された企業にも転用され，それらの経営再建
にも寄与した。これは戦前の財閥のケースを対象としたデータ分析からも強く
支持された点である。

　ではなぜ，グループ経営を展開する日本企業において，冒頭で言及したよう
な PMI の失敗事例が相次ぐのか。取得企業の自律的経営を保証するという名
目で実質放任していないであろうか。自社資源のノウハウの移転を妨げている
物理的，心理的要因はないであろうか。本章で指摘したような M&A の本来
の役割を自覚したうえで，それをシビアに実行していく心構えが求められてい
るのではなかろうか。

COLUMN 7

敵対的買収による経営規律

　本章で述べた M&A は，ほとんどが両社の経営陣で合意した「友好的」なものであった。
ただ，ときには，相手側経営陣の同意を得ない「敵対的」な買収も発生した。その象徴的
な事例は，東急創始者の五島慶太の活動である。1920年代に武蔵電鉄の経営権を握った五
島は，当時，業績の低迷していた池上電鉄（1933年），玉川電鉄（1936年）に買収を仕掛
け，ターゲット企業の主要株主を説得のうえで株式を譲り受け，既存経営陣を更迭し，経
営権を獲得した（岡崎 1994）。その強引な手法から，後に「強盗慶太」とも呼ばれたほど
であった。この期間，低パフォーマンス，低株価企業は M&A のリスクに常にさらされて

おり，本章の「潜在的な経営規律」が有効に働いていたのである。

　もっとも，買占め行為は，経営にとって攪乱要因になることもあった。よく知られているケースが，1900年代に発生した鐘淵紡績株式の買占め，いわゆる「鈴久事件」である。鈴木久五郎は，今日でいう「アクティビスト」であり，買占めで大株主になったうえで，ターゲット企業にプレッシャーをかけ，増資や他企業との統合を要求するという手法を常套としていた。この手法でビール業界，製糖業界の再編に成功した彼が次に目を付けたのが，鐘淵紡績であった。その経営権を握ることよって，同社を軸に紡績業再編を目論んだのである。

　当時，鐘淵紡績は，三井から株式を譲り受けた外国人投資家・呉錦堂が大株主であったが，鈴木は彼との思惑取引を通して，1906年頃には一派で過半数の株式取得するにいたった。そして，彼が開催した1907年1月の臨時株主総会では，それまで同社の経営を担ってきた支配人・武藤山治はじめ全役員が辞任することになった。もっとも，買占め派に経営のスキルがあるわけではなく，武藤の留任を望む有様であったという（鐘紡 1988）。その後のニューヨーク発の金融パニックによる株価暴落を受け，鈴木派の鐘紡株は債権者である安田銀行に移ることとなった。戦前期には買占めはしばしば発生したが（COLUMN 7：表），経営者が株主対策に追われ経営に注力できず，現場に無用の混乱が起こるだけのことも多かったのである。

COLUMN 7：表 ▌ 主な株式買占め一覧

発生時期	ターゲット	仕手	過半数の株式取得
1879	東京米商会所	田中平八，中村道太	
1895	参宮鉄道	石田卯兵衛，松谷元三郎	
1898	北海道炭砿鉄道	田中平八，雨宮敬次郎 など	
1899	豊川鉄道	横山源太郎，松谷元三郎	
1906	鐘淵紡績	鈴木久五郎	○
1910	堂島米穀取引所株	高倉藤平	
1911	東京株式取引所	松下軍治	
1912	内国通運	松谷元三郎	
1912	日本郵船	小島文次郎	
1919	東京板紙	大川平三郎，穴水要七	○
1920	横濱倉庫	蔵内治郎作	
1921	鐘淵紡績	石井定七	
1922	天津取引所	静藤治郎	

出所：南波（1930）より作成。

第 8 章

コーポレート・ガバナンスの変容：戦間期の相対化

Summary

戦間期には，それまでの個人大株主主導のコーポレート・ガバナンスのあり方に変化が表れ始めた。資金調達は，株式払込を基本としつつも社債へと，所有構造は個人から法人が主流となっていった。そして，そうした変化に企業行動も影響を受け，法人株主が台頭した企業では利益水準に応じた配当政策の実施が実現した。

Key Words

明治大正経済システム，法人株主，財閥の転向，減価償却，株式公開

1　明治大正経済システムの衰退

　前章までは，明治期から大正期において，会社設立は特定の資産家や富豪層の出資によってなされたことから，配当性向の高さに象徴されるように，会社経営に対する個人株主の強い影響力がみられたことを紹介してきた。こうしたコーポレート・ガバナンスにおける個人株主主導の企業システムのあり方は，「明治大正経済システム」（寺西 2003）とも表現されている。

　もっとも，その一方で，第4章でも扱ったように，戦間期に入ると，規模拡大による経営機能の複雑化を背景として，それに対応できなくなった兼任大株主重役が力を失い始め，取締役会において企業特殊的技能を蓄積した専門経営者が台頭するなど，ガバナンスにおいて変化も起こった。

　こうしたガバナンスの変容は，当時の企業金融，そして所有構造についての

変容をともなった。次節でも述べるとおり，それは個人株主優位から，法人株主優位の資金調達，所有構造へと変化する過程でもあった。では，これらの変化は20世紀のガバナンスのなかにおいて，どのように位置づけられ，そして，これまでみてきたような企業の利益処分のあり方にいかなる影響を与えたのであろうか。本節では，**第5章**で利用したデータセットを拡張し，20世紀日本のガバナンスにおける戦間期の資本構成，所有構造，そして利益処分の位置づけ，あるいは相対化を試みる。

2　これまでの調査のレビュー

2.1　資本構成

　本格的な分析に入る前に，①資本構成，②所有構造，③利益処分の観点から，戦間期におけるコーポレート・ガバナンスの変容について，先行研究の内容から確認しておこう。まず，舘・諸井（1965）では，戦前と戦後の主要企業の自己資本比率を算出し，1930年代中頃には30％台であったのに対し，1950年代後半には10％程度に低下していることから，戦前の資金調達は株式払込が優位であったことが指摘されている。

　その後，同研究の結果を前提として，戦前期における資本構成の検証が蓄積されてきた。たとえば，麻島（1995）では，1911年から1936年の主要企業110社から150社程度の企業金融の推移を調査し，第1次世界大戦期における営業規模拡大や，1920年代の電力・鉄道での設備投資の資金が，主に自己資本でまかなわれたことが示されている。また，1920年代後半には，総資産の拡大テンポが鈍化するとともに，借入・社債を中心とする外部資金依存度が高まったものの，1930年代には運転資金の需要が高まるにつれ，再び払込資本金を中心とした資金調達が活発化したことが明らかにされている。なお，こうした1920年代後半における負債依存度の高まりについては，戦間期の負債比率を調査した宮島（2004）でも確認されている。

　より長期の分析では，藤野・寺西（2000），寺西（2006）がある。同研究で

は，1900年代から1940年までの各種企業年鑑に収録されている主要企業の財務データを集計し，戦前期においては，借入，支払手形に比べ，一貫して株式による資金調達の割合が高かったが，それはサンプルに公益事業などの知名度が高く，資本市場からの資金動員が可能であった大企業が含まれているためと論じている。

また，齊藤（2014）では1918年度から1936年度にかけての鉱工業大企業の資本異動を追跡し，好況期には新規株式発行が利用される一方で，不況期には追加払込徴収が実行され，後者が資金調達において株主に対する強制力を有していたことと，それが不良企業の温存につながったことを指摘している。

2.2 所有構造

　以上のように，概ね戦前期においては，株式による資金調達が優位であった状況が確認されている。他方，所有構造の調査に関しても，精力的に行われてきた。そのなかでも，嚆矢となったのは増地（1936）である。同研究では，バーリ＝ミーンズの調査を意識し，1934年時点の大企業91社を対象として，支配株主が存在する企業（過半数支配，ピラミッド型支配，少数派支配）がおよそ過半数を占めるものの，支配株主不在の企業（＝経営者支配）が3割に達するなど，看過できないウェイトを占めるまでに成長してきている様子を明らかにしている。こうした大企業セクターにおける経営者企業の台頭は，同様の調査を行った西野（1935），後続研究である正木（1969）でも確認されている。

　一方，大企業を所有タイプ別に類型化するのではなく，大株主の持株比率を集計したものとして志村（1969）が挙げられる。同調査では，1919年と1936年の主要企業の大株主の属性について調査し，両時点にかけて，個人株主の後退と法人株主の台頭がみられたことが示されている。そして，その背景として，第3章で言及したような，「法人成り」（節税を目指した財産保全会社の設立）や，資金量の拡大を背景とした1930年代以降における生命保険会社の株式投資の活発化があったことを指摘している。

　さらに，近年では宮島英昭教授（早稲田大学）らのグループが戦前期における株主構成の推移について体系的な調査を行っている。宮島ほか（2008）では1920年以前に設立され，2000年まで存続した68社の株式集中度を調査し，1920

年代から1930年代にかけて上位3位集中度では，平均値で30％程度と安定的であり，また同時期のイギリスやドイツに比べ低く，国際的に分散していたことを確認している。一方，Franks et al.（2014）では，鉱工業企業70社程度の株主構成について分析し，20世紀初頭には個人株主が優位であったものの，1930年代には金融機関と事業会社中心の所有構造へと転換していったことを明らかにしている。

2.3　利益処分

　戦間期には，上記のような所有構造変化のインパクトを受けて，配当政策などの利益処分のあり方にも変化がみられた。具体的には，投資先企業と取引上の関係を持ち，グループ内で安定株主としての地位を期待された法人大株主が台頭し，投資先企業の中長期的な視野での利益処分を可能とした。たとえば，北浦（2014）では，1930年代には日本興業銀行が経営不振に陥っていた東京電灯の社債引き受け会社として影響力を強めていき，役員派遣を通じてモニタリングを行うとともに，減配を求めたことが描写されている。このほか，この局面には減価償却制度も大企業の間で普及し（齊藤 2011），近視眼的な会計政策が改められていったことが確認されている。

2.4　財閥の転向

　また，戦間期には，財閥系企業においても株式公開という形で所有構造に変化が起こったことも指摘しておく必要があろう。その背景には，三井本社専務理事・團琢磨の暗殺に象徴されるように（血盟団事件，1932年），財閥首脳を対象としたテロの発生など，独占に対する社会的批判が増し，そうした批判をかわす意図があったといわれている。いわゆる「財閥の転向」である。ただ，その一方で，重化学工業化にともなう子会社の資金需要の高まり，それに対する本社の資金力の制約という経済的要因も影響していた。これら要因がシンクロして，1930年代には複数の財閥系企業が株式公開に踏み切った（**表8-1**）。
　もっとも，この株式公開の実態については，注意すべき点がいくつかある。その第1は，三菱，住友の両財閥では，三菱重工業や住友金属工業など直系子会社の公開がなされたのに対し，三井財閥では傍系会社，あるいは直系企業の

表 8-1　1930年代における財閥系企業の株式公開・売出

社名	属性	公開・売出	売出会社	売出年月	株主数	本社持株比率（%）	グループ持株比率（%）
王子製紙	直系	売出	三井合名	1933.8	16,962	8.0	8.0
北海道炭砿汽船	傍系	売出	三井合名	1934.2	5,217	12.1	34.0
東洋高圧	鉱山	公開	三井鉱山	1933.9	1,766	0.0	46.5
三池窒素工業	鉱山	公開	三井鉱山	1933.9	821	0.0	57.8
東洋レーヨン	物産	公開	三井物産	1933.10	3,140	0.0	43.5
三菱重工業	直系	公開	三菱合資	1934.8	11,743	49.8	60.9
住友化学工業	直系	公開	住友合資	1934.2	2,829	32.1	38.0
住友金属工業	直系	公開	住友合資	1935.10	3,224	36.7	49.2

注1：「公開」は，財閥内部で所有されていたものを一般に売り出すもの，あるいは増資するものを指す。
注2：「売出」は，株式自体は一般に公開されているものの，新規に財閥本社あるいは傘下企業が一般に売り出すものを指す。
注3：「属性」の「鉱山」は三井鉱山の子会社であることを表す。同じく「物産」も三井物産の子会社である。
出所：志村（1969）の表4-25，岡崎（1999）の表2-5から表2-7，東洋経済新報社『株式会社年鑑』より筆者作成。

子会社などの外延企業に公開が限定されたという点である。財閥公開のあり方は，一様ではなかった。第2は，直系会社は公開された場合でも，財閥グループによる支配権は保持されたという点である。本社が株式を売り出す場合や傘下企業が増資する場合でも，その株式の大部分はグループ企業に割り当てられ，大衆資金の動員という点では限定的であった[1]。

　このような特徴を持った「財閥の転向」は，財閥の利益処分政策にいかなる影響を与えたのであろうか。宮島（2004）では，配当性向の要因について検証し，財閥系企業においては，1920年代には配当に対する利益感応度は高く，利益に応じた支払いがなされていた一方で，1930年代には配当に関する利益感応度が低下したことを明らかにしている。同研究では，その理由として，株式公開によって増加した少数株主のプレッシャーが強くなり，財閥系企業においても一定の配当支払いが求められたためだと論じている。

2.5　論点

　以上の先行研究から明らかとなったことを整理すると，下記のとおりとなる。

1　これらの財閥系企業の株式公開の歴史的意義については，武田（2020a；2020b）が詳しい。

① 　資本構成：戦前期全体において，自己資本を中心としつつも，1920年代後半の恐慌局面においては社債，借入による資金調達が利用され，外部資金への依存度が高まった。

② 　所有構造：1900年代，1910年代は個人大株主中心の所有構造であったが，少なくとも1930年代以降には金融機関などの法人株主の台頭がみられた。

③ 　利益処分：安定株主としての法人株主の台頭により，投資先企業の利益処分政策にも変化が起こった。

　もっとも，上記で紹介した研究の多くは，戦前期における変化のみを対象としており，その水準，変化の程度が20世紀のコーポレート・ガバナンスからみてどの程度重要であったのかが，相対化されていないという限界がある。

　また，戦間期における変化に関しても，サンプリングの方法によって見方が異なる。その変化の要因としては，①新興企業が大企業としてリスト入りして，それによってもたらされる変化，②既存企業の内生的な変化，③それらの両方による変化が考えられるが，多くの研究が各時点の大企業を対象としているため，主に①の側面（あるいはすべての側面）を対象に検証してきたと推察される。

　そこで本章では，**第5章**の20世紀大企業の存続サンプルを利用することにより，主に②の観点から上記論点について検証する。以下での検証と，既存研究との分析結果とを照らしあわせることで，戦前期におけるガバナンスの実態をより深く理解することが可能となろう。

3　データセットと基礎的情報

3.1　データセット

　本節では，**第4章**と同様のサンプルで，20世紀日本企業の資本構成，所有構造，利益処分の長期推移をみていく。調査時点は，戦前・戦時期は1921年，1928年，1933年，1942年，戦後は1955年，1970年，1985年，2000年である。た

だし，第1次世界大戦期の動向にも関心があるため，43社のうち，1914年時点で存続する企業28社のデータも参考値として掲載する。

　資本構成に関しては，総資産を，①自己資本（資本金，積立金），②負債（借入，社債，支払手形），③財産（固定資産，流動資産）に分割して，各時点における総資産に占める各項目の比率（構成比）と時点間の寄与率の2指標で，それら企業の資金調達の推移について確認する。寄与率によって，時点間の総資産（全体）の伸びを100とした場合，各項目がどの程度貢献しているか（100のうち何％を占めるか）を把握することができる。

$$寄与率 = \frac{（各項目の当期値 - 各項目の前期値）}{（総資産の当期値 - 総資産の前期値）} \times 100 \tag{1}$$

　データソースは，1942年までは各社営業報告書，東洋経済新報社『株式会社年鑑』，大阪屋商店『株式年鑑』，三菱経済研究所『本邦事業成績分析』，1955年以降は各社有価証券報告書，日経メディアマーケティング「NEEDS-FinancialQUEST」から取得した[2]。

3.2　資本構成

　まず，総資産の伸びについて確認すると，不況局面の1920年代から1930年初頭まで伸びは鈍く，戦時期に入って再び高い成長を示すようになっている（**表8-2**，パネルA）。1937年から1942年にかけて総資産は2.83倍となっている。一方，戦後においては，終戦後，企業再建整備の過程で過小資本に陥ったことと，その後の高度成長とインフレ進展の影響を受け，1955年から1970年の伸びは目覚ましく，12.74倍を記録している。安定成長期にも企業成長は続き，1970年から1985年にかけては，2.66倍となっている。それに対し，1985年から2000年にかけては，1.41倍の伸びにとどまり，「失われた10年」の特徴をよく表している。

2　COLUMN 8で解説するように，減価償却を利益処分，または役員賞与を費用計上する企業が存在するなど，戦後にいたるまで，企業の財務諸表作成に関する裁量性は高く，利益を企業間比較するためにはこれらの項目を調整する必要がある。これら調整を行っている資料として1932年以降に利用可能な三菱経済研究所『本邦事業成績分析』がある（第1章 COLUMN 1）。そこで1933年，1937年，1942年は同資料の値を用い，それ以前は同資料における計算方法を参考に，過去に遡及し，これら調整を行った。

表8-2 ┃ 20世紀日

パネルA：金額

年度	総資産	資産		借入	社債
		固定資産	流動資産		
1914	251,560	143,605	107,955	10,503	23,730
1921	1,743,270	669,114	1,074,156	71,995	74,795
1928	2,269,875	1,105,440	1,164,435	90,984	250,012
1933	2,355,925	1,232,487	1,123,438	111,464	241,080
1937	3,978,339	1,680,392	2,297,947	145,762	149,150
1942	11,239,974	3,207,181	8,032,793	719,358	804,119
1955	820,729	333,683	487,046	168,967	47,529
1970	10,460,085	3,793,984	6,666,101	3,875,307	535,809
1985	27,773,023	10,263,188	17,509,835	7,759,096	2,265,813
2000	39,173,398	20,426,657	18,746,741	6,443,515	5,826,835

パネルB：比率（構成比，％）

年度	総資産	資産		借入	社債
		固定資産	流動資産		
1914	100.00	57.09	42.91	4.18	9.43
1921	100.00	38.38	61.62	4.13	4.29
1928	100.00	48.70	51.30	4.01	11.01
1933	100.00	52.31	47.69	4.73	10.23
1937	100.00	42.24	57.76	3.66	3.75
1942	100.00	28.53	71.47	6.40	7.15
1955	100.00	40.66	59.34	20.59	5.79
1970	100.00	36.27	63.73	37.05	5.12
1985	100.00	36.95	63.05	27.94	8.16
2000	100.00	52.14	47.86	16.45	14.87

パネルC：寄与率（％）

年度	総資産	資産		借入	社債
		固定資産	流動資産		
1921→28	100.00	82.86	17.14	3.61	33.27
1928→33	100.00	147.64	-47.64	23.80	-10.38
1933→37	100.00	27.61	72.39	2.11	-5.67
1937→42	100.00	21.03	78.97	7.90	9.02
1955→70	100.00	35.90	64.10	38.45	5.07
1970→85	100.00	37.37	62.63	22.43	9.99
1985→2000	100.00	89.15	10.85	-11.54	31.24

注1：パネルAの単位は，1941年までが千円，1955年以降が百万円。
注2：1914年から1921年の寄与率は，両時点でサンプルサイズが異なるため，掲載していない。また，1921年以
　　　影響を与えるような変化はみられなかった。

本企業の資本構成

負債		自己資本	払込資本金	積立金
支払手形	その他債務			
19,002	50,601	180,972	114,826	25,245
122,772	591,954	1,223,470	636,361	269,779
166,542	720,420	1,406,154	872,096	380,158
128,954	343,904	1,569,798	979,038	397,673
288,429	884,653	2,512,345	1,619,229	659,962
698,409	3,533,008	5,496,551	3,615,015	1,643,436
46,612	219,238	328,324	96,564	92,180
994,069	3,247,796	1,807,104	1,045,082	425,325
2,161,140	9,703,215	5,883,760	1,831,740	2,025,594
618,726	13,937,250	12,347,064	3,268,137	4,560,445

負債		自己資本	払込資本金	積立金
支払手形	その他債務			
7.55	20.11	71.94	45.65	10.04
7.04	33.96	70.18	36.50	15.48
7.34	31.74	61.95	38.42	16.75
5.47	14.60	66.63	41.56	16.88
7.25	22.24	63.15	40.70	16.59
6.21	31.43	48.90	32.16	14.62
5.68	26.71	40.00	11.77	11.23
9.50	31.05	17.28	9.99	4.07
7.78	34.94	21.19	6.60	7.29
1.58	35.58	31.52	8.34	11.64

負債		自己資本	払込資本金	積立金
支払手形	その他債務			
8.31	24.40	34.69	44.77	20.96
-43.68	-437.55	190.17	124.28	20.35
9.83	33.33	58.10	39.46	16.17
5.65	36.47	41.10	27.48	13.54
9.83	31.42	15.34	9.84	3.46
6.74	37.29	23.55	4.54	9.24
-13.53	37.14	56.69	12.60	22.23

降にも一部データが取得できない企業があるため，取得可能な企業のみで分析を行ってみたが，本文での結論に

総資産の伸びを100とした場合の各構成部分の伸び（貢献度）の割合

　以上のような総資産の内容（構成比）を詳細にみていくと，第1次世界大戦期においては，自己資本が高い比率を占めており，1914年時点，1921年時点で使用総資産において7割を超える（**表8-2**，パネルB）。そのなかでも払込資本金が主流であり，1914年には45.65％となっている。20世紀初頭は直接金融でも，株式による資金調達を通じて会社の設立，資金調達がなされていたと解釈できる。

　1920年代に入っても，自己資本は主流でありつつも，60％台へとやや低下している。一方，この局面には社債のウェイトが高まり，1928年時点，1933年時点では10％を超えるまでになっている。前節の先行研究の内容と整合的な結果である。戦時期に入ると，企業金融に大きな変化が観察される。自己資本が後退し，1942年時点では50％弱となっている。それに対して，負債比率が過半にまで上昇し，特に借入が伸びている。戦時期において，直接金融から間接金融へと，ファイナンスの方法が大きく転換したことが確認できる。

　戦後は，こうした傾向がますます加速している。負債比率（借入からその他債務の総資産に占める比率）は7割から8割に達し，借入が3割から4割を占める。また，負債比率の標準偏差も低下している（**図8-1**）。企業の資金調達が借入に一本化していった様子がみてとれる。ただし，1985年以降になると，借入の比率は低下し，かわって2000年時点では自己資本が3割，そして社債が15％程度にまで上昇している。1980年代以降，エクイティファイナンスが活発化したことが指摘されているが，本章のデータからもそれが裏付けられる。

　寄与率についても確認しておくと，戦前期の資金調達において，やはり株式が中心であったことがよくわかる（**表8-2**，パネルC）。たとえば，1933年から1937年にかけての総資産の成長率を100とすると，そのうち払込資本金が39.46％を占めていた。一方，戦後になると間接金融に転換し，1955年から1970年の総資産の伸びのうち，借入が38.45％という割合になっている。そして，1985年から2000年にかけては，社債が31.24％，資本金が12.60％と回復している。

3.3　所有構造

　ついで，上記20世紀日本企業の所有構造の推移について観察していく。本項では，前述のデータソースにより，各企業の5大株主の属性，およびそれらの

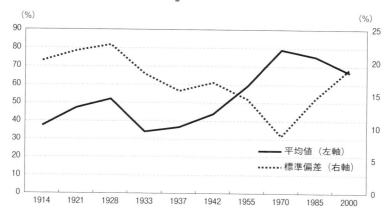

図8-1 負債比率の推移

注：サンプルは由井・フルーエン（1983）の1918年と1930年の工業企業リスト100社のいずれかにランキング入り
して，1921年から2000年まで存続した企業43社（1914年は26社）。

発行済株式総数に占める持株比率を集計した。

　その結果は表8-3のとおりである。1914年，1921年時点においては，財閥

表8-3 20世紀日本企業の所有構造

（単位：%）

年	経営者	財閥本社	個人	従業員	事業法人	銀行	保険	外国	信託	証券	政府	自社	その他
1914	14.67	4.90	18.63	0.00	2.12	0.17	0.12	2.96	0.00	0.00	0.00	0.00	0.00
1921	14.06	21.49	6.23	0.05	11.13	0.30	0.07	0.00	0.16	0.39	0.07	0.63	0.00
1928	5.97	14.90	5.13	0.00	14.99	2.76	0.44	2.62	0.04	0.59	0.07	0.07	0.07
1933	3.84	19.16	6.66	0.00	12.03	1.81	0.73	2.71	0.04	0.51	0.10	0.26	0.07
1937	3.08	11.32	4.01	0.03	15.44	1.37	3.12	0.94	0.46	0.51	0.07	0.38	0.00
1942	2.20	7.50	2.69	0.00	19.73	1.81	4.65	0.00	0.31	0.70	0.00	0.24	0.09
1955	0.06	0.00	0.11	0.00	10.46	4.75	4.57	1.59	2.68	2.46	0.00	0.00	0.14
1970	0.00	0.00	0.84	0.00	18.58	5.87	8.42	0.99	0.73	1.12	0.00	0.00	0.09
1985	0.00	0.00	0.00	0.10	18.89	7.90	8.20	0.41	2.26	2.99	0.00	0.00	0.08
2000	0.00	0.00	0.12	0.34	14.87	6.34	6.34	0.92	5.77	0.00	0.00	0.11	0.00

注1：経営者は社長，専務，常務層などの経営執行者を指し，その財産保全会社，親族保有分も含む。
注2：個人にはその財産保全会社も含む。
注3：信託は，信託会社，あるいは信託銀行の数値となる。
注4：その他は，財団などの数値が中心となる。

本社，個人，経営者の比率が圧倒的であり，これらで4割程度を占める。富豪家族，資産家による出資をもって会社設立がなされていた状況がよくわかる。その後，それらの比率は後退しており，特に財閥本社の持株比率の低下が著しい。1920年代と1930年代における傘下企業の株式公開が影響しているものと考えられる（ただし，戦後に比べ，これら主体の持株比率は依然高く，1942年時点においても，経営者で2.20％，財閥本社で7.50％，個人で2.69％保有していた）。

　これらにかわって上昇したのが保険である。1937年時点では3.12％，1942年時点では4.65％となっている。また，戦前・戦時期においては，事業法人がコンスタントに1割から2割程度を記録している。その背景として，財閥直系会社の子会社として設立された企業や，日本製粉や帝国人造絹糸など経営不振に陥り，他企業に買収された企業などがサンプルに含まれることが挙げられる。以上の動向により，戦時期に入る頃になると，金融機関をはじめ，大株主の属性がかなり多様化した。

　一方，戦後にいたると株式集中度の低下が顕著である。1921年時点には43.26％を占めた5大株主集中度（C5）は，1955年には17.53％へと大きく下落した（**図8-2**）。財閥解体のインパクトが顕著である。こうした株式が分散

図8-2 ┃ 株式集中度と株主数の推移

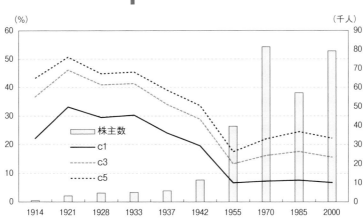

注1：C1は上位1社，C3は上位3社，C5は上位5社集中度を表す。
注2：株主数はサンプルの各時点の平均値。サンプルは本文および図8-1参照。

するなかで存在感を高めたのが，銀行，保険会社の金融機関であった。銀行は1985年時点で7.90％，保険は8.20％となっている。なお，2000年時点では，信託銀行の持株比率が上昇しているが，機関投資家の信託口保有分（いわゆる「カストディアン」の保有分）が増加しているためだと推察される。

　以上のことをまとめると，戦前期においては相対的に株式集中度が高く，そのなかで個人から金融機関，事業法人へと主体が多様化していった一方で，戦後においては，株式が大きく分散するなかで，金融機関を中心とした株式所有構造が根付いていったと表現することができよう。

3.4　配当政策

　続いて，20世紀企業の利益処分政策の側面について検討していく。まず，配当政策に関しては，配当性向（配当額／当期利益）を中心にみていくと，戦前期においては，予想されたとおり，それは高く，1914年時点，1921年時点では6割から7割に達する（**図8-3**）。1930年代，戦時期でも5割を超える。利益の大半が配当として社外流出していたことになる。戦後になると，配当性向は4割台にまで低下し，1985年時点で43.04％となっている。景気拡大によって

図8-3 ┃ 配当性向，配当率の推移

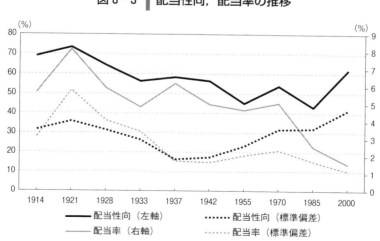

注：サンプルは本文および図8-1参照。

表 8-4 ┃ 法人大株主と配当政策（戦前・戦時期）

（単位：％）

	法人大株主 (N = 65)	その他 (N=171)	差	P 値
配当性向	52.71	62.02	-9.30	0.0322
配当率	5.24	6.29	-1.05	0.0560

利益が拡大する一方で，安定配当政策で配当が据え置かれたことが要因になっていると考えられる。もっとも，興味深いのは，2000年には配当性向が再び上昇し，6割を超えている点である。不況下において，配当性向の分母である利益が縮小したことと，外国人投資家などの台頭により，利益還元に対するプレッシャーが強まったことがあわさったためだと推察される。

　ところで，法人株主などの存在は配当政策に影響を与えていたのであろうか。ここでは，法人株主が首位株主である企業群（以下，法人株主企業）[3]とそれ以外の企業群の配当性向，配当率の平均値の差の検定を試みたところ，戦前・戦時期においては，両指標ともに後者よりも前者の数値の方が有意に低いという結果が得られた。たとえば，表8-4によると，およそ9％，法人株主企業の方がそれ以外の企業群よりも配当性向が低い。法人株主の存在は，利益の社外流出の抑制に一定の役割を果たしたものと解釈できよう。

3.5　ステークホルダー間のコンフリクト

　以上のような戦間期におけるコーポレート・ガバナンスの変容は，ステークホルダー間のコンフリクトを引き起こした。たとえば，1920年代末から1930年代初頭の恐慌期において，近視眼的な高配当政策が原因で財務基盤が脆弱となった企業が社債のデフォルトを引き起こす事例が多発したが，これは株主と債権者の利害対立と捉えることができよう。それを受け，前述の東京電灯のケースでも紹介したように，社債の引き受け会社でもあった銀行が，債権者，そして株主としても企業経営への影響力を強め，1930年代には債権者保護のための有担保社債の発行が普及するにいたった[4]。いわゆる「社債浄化運動」で

3　後述のように，銀行，保険，事業法人のいずれかの持株比率が10％以上の企業と設定した。

ある[5]。

　もっとも，こうした銀行の経営介入は過度になり，企業価値を損なう事例も
あった。たとえば，鈴木商店の経営破綻により，その子会社であった帝国人造
絹糸は債務の連帯保証をした経緯から，台湾銀行の監視下に置かれたか，同行
による投資制約は，帝人側には「掣肘」とも表現され（帝人 1968：161），成
長機会が豊富であった帝人の企業価値を損ねた。こうした過度の投資制約は，
日本鋼管の事例でもみられた（長島 1981：宮島 2004）。企業・銀行間の双方
がその距離感を探り合っている時期でもあり，上記の事例は，それまでの銀行
側が「距離を置いた関係」（arm's length）から企業経営に対する関係を強め
る過程において発生した，一種のハレーションとも捉えられよう。

4　データ分析紹介：配当政策とガバナンス

4.1　推計モデル

　前節では，戦間期において配当性向は低下傾向にあったことがわかった。た
だ，それらはあくまで利益額に対する配当額の比率の推移に過ぎず，利益額の
増減に応じて，どの程度，配当額が変動したのかの関係性は明らかにされてい
ない。また，それらにガバナンスが与える影響についても扱っていなかった。
そこで，本節ではこれまでのデータセットを利用し，配当額を利益額，および
ガバナンス構造に回帰させることで，それぞれの利益感応度の長期推移を検証
することとしよう。

　被説明変数としては，配当額を用いる（1942年までは単位は千円であり，1955
年以降は百万円となる）。一方，説明変数に関しては，税引き後利益額とする。
分析の焦点の第1は，利益額の係数であり，利益額1単位（千円，または百万
円）の上昇が，何単位の配当額の上昇をもたらすのかである。ついで，ガバナ

4　製造業の事例ではないが，北浦（2014）では，1930年代において社債引き受け会社であった日本
　興業銀行が東京電灯に対し役員派遣などを通じて影響力を強めていった様子が描かれている。
5　社債浄化運動の背景，内容については，松尾（1999）を参照されたい。

ンス構造が配当政策に与える影響を確認するために，戦前・戦時期の推計においては法人大株主ダミー（事業法人，銀行，保険会社いずれかの持株比率が10％以上の場合に1の値を与えるダミー変数）[6]，3大財閥系企業ダミー[7]，およびこれらガバナンス変数と利益額の交差項が挿入されている。

　分析の第2の焦点は，交差項である。**第1章**で「切片ダミー」について解説したが，グループ間で回帰直線の傾きが異なる場合も想定される。たとえば，利益が増加するにつれ，財閥系企業の方がより多く配当を払うようになるならば，「財閥系企業ダミー」と「当期利益」の交差項（財閥系企業ダミーと当期利益を掛け合わせた変数。「傾きダミー」ともいう）はプラスの値を取ると予想される（＝配当の利益感応度を増幅する）。逆に，当期利益が増えるにつれ，配当の増加額が非財閥系企業よりも小さいようならば，この交差項は負となると予想される（配当の利益感応度を緩和する）。ここではガバナンス変数（財

表8-5　基本統計量

パネルA：戦前・戦時期

変数	観測数	平均値	標準偏差	最小値	最大値
配当額	236	3083.99	4090.48	0.00	20319.00
税引き後利益	236	4938.15	6872.85	-3249.00	37077.00
法人株主ダミー	236	0.28	0.45	0.00	1.00
財閥ダミー	236	0.27	0.44	0.00	1.00
総資産対数値	236	10.65	1.28	6.62	14.48

パネルB：戦後

変数	観測数	平均値	標準偏差	最小値	最大値
配当額	172	3121.13	5685.54	0.00	32190.15
税引き後利益	172	5564.83	12277.16	-22878.00	54062.00
総資産対数値	172	11.65	1.80	7.92	15.23

注1：パネルAの単位は千円，パネルBは百万円。
注2：異常値処理として，1％点と99％点でwinsorizeしている。

6　戦前の商法体系では，資本金の10％以上の株式を保有する主体に，帳簿閲覧権，臨時株主総会の開催を請求する権利，検査役を選任する権利などの少数株主権を与えていたため，こうした持株比率の水準を設定した。なお，所有構造が判明しない企業が一部存在しないため，各時点のサンプルサイズは43社を欠けることがある。
7　同ダミー変数として，三井・三菱・住友の直系・傍系企業を設定した。

閥系企業ダミー，法人大株主ダミー）と当期利益の交差項を設定し，配当に与える効果を観察する。

最後に，企業規模の要因をコントロールするため，総資産対数値が設定されている。推計は OLS によって行った[8]。基本統計量は**表8-5**のとおりである。

4.2　基本推計

配当の利益感応度に関する推計結果は**表8-6**のとおりである。産業ダミーの有無によって，戦前・戦時期，戦後においてそれらの利益感応度はほぼ変わりはない。そこで産業ダミーを挿入していない推計を中心に観察していく。ま

表8-6　配当の利益感応度：基本推計

	(1) 戦前・戦時	(2) 1921	(3) 1928	(4) 1933	(5) 1937	(6) 1942
税引き後 利益額	0.5401*** (0.0289)	0.6543*** (0.0548)	0.5977*** (0.0465)	0.6038*** (0.0683)	0.5624*** (0.0472)	0.4606*** (0.0592)
総資産対 数値	204.0247*** (77.7807)	462.4526* (244.4423)	679.4508*** (145.8430)	242.1648 (240.0662)	250.4760 (317.1750)	1025.2634* (519.0326)
定数項	-1755.7616** (726.3357)	-4235.9400* (2356.2491)	-6742.1792*** (1471.1366)	-2476.0388 (2437.1359)	-2676.0260 (3276.6559)	-11182.5239* (5623.9136)
観測数	236	42	42	43	43	40
F 値	382.4487***	143.0416***	170.3655***	106.9555***	185.0252***	136.4082***
補正 R²	0.9112	0.9370	0.9129	0.9082	0.9332	0.8828

（表8-6続き）

	(7) 戦後	(8) 1955	(9) 1970	(10) 1985	(11) 2000
税引き後 利益額	0.2837*** (0.0384)	0.2233*** (0.0268)	0.4886*** (0.0341)	0.2472*** (0.0430)	0.2660*** (0.0704)
総資産対 数値	1123.1074*** (158.9275)	136.6527*** (24.0248)	550.3900*** (196.6905)	1647.9909*** (357.4431)	2235.6370*** (563.0418)
定数項	-11539.3196*** (1710.7037)	-1145.4551*** (213.6671)	-5967.9864*** (2108.8126)	-18718.4743*** (4172.1537)	-25457.0431*** (6855.7247)
観測数	172	43	43	43	43
F 値	58.3909***	103.1914***	245.1310***	50.9734***	16.2140***
補正 R²	0.7288	0.8387	0.9187	0.8324	0.6459

列(1)の方が列(7)よりも係数が大きい→戦前・戦時期の方が配当に対する利益感応度は高い。

注1：上段は係数を，下段括弧内は不均一分散に頑健な標準誤差を示す。
注2：***，**，* はそれぞれ1％，5％，10％水準で有意であることを表す。

8　配当額は0以下の値を取ることはないため，下限をゼロ切断と設定したトービットモデル（Tobit Model）によっても推計を行ってみたが，以下で紹介するのとほぼ同様の結果が得られた。

ず指摘できることは，戦前の配当の利益感応度は，戦後のそれに比べ格段に高いということである。たとえば，戦前期の利益額の係数は0.5401であり，これは千円の利益上昇は，配当を540円増加させたということを意味する（**表8-6**の列(1)）。その一方で，戦後の利益額の係数は0.2837と低下しており，百万円の利益上昇は，配当を28万円程度増加させるのに過ぎない（列(7)）。戦時期の係数はこれら戦前・戦後の中間程度であり，戦前期の慣性を残しつつ，戦後への兆しをみせつつある。これは異なったサンプルで検証した先行研究と共通した内容でもある（宮島 2002）。

4.3　財閥に属する効果

　ついで，以上のような配当と利益の関係性にガバナンス構造が影響したか否かについてみていこう（**表8-7**）。はじめに，戦前・戦時期の企業をプールした推計において，財閥ダミーの係数は負，当期利益の交差項は正となっている（列(1)）。これは，財閥系企業は，非財閥系企業に比べ，切片は低いが，配当に

表8-7 ┃ 財閥所属

	(1)	(2)	(3)
	戦前・戦時	1921	1928
税引き後利益額	0.5777***	0.6528***	0.5919***
	(0.0302)	(0.0575)	(0.0517)
総資産対数値	108.5897	16.0986	−317.6593
	(127.3852)	(259.3918)	(262.3675)
財閥ダミー	−0.0603*	−0.1268	0.0358
	(0.0309)	(0.1260)	(0.0603)
財閥ダミー×税引き後利益額	175.2596**	572.7999**	648.7575***
	(74.9244)	(233.3750)	(144.8795)
定数項	−1559.4303**	−5285.6248**	−6333.2184***
	(705.3025)	(2280.6965)	(1526.1381)
観測数	236	42	42
F 値	218.5483***	83.9786***	206.9718***
補正 R^2	0.9144	0.9386	0.9103

注1：上段は係数を，下段括弧内は不均一分散に頑健な標準誤差を示す。
注2：***，**，* はそれぞれ1％，5％，10％水準で有意であることを表す。

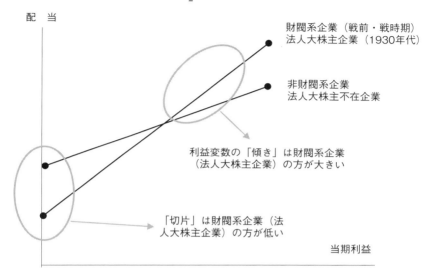

図 8 - 4 ｜ 交差項のイメージ

出所：宮島（2004），図 5 - 3 を参考に筆者作成。

の配当政策への効果

	(4)	(5)	(6)
	1933	1937	1942
	0.5519***	0.5424***	0.5161***
	(0.0870)	(0.1199)	(0.0538)
	−139.4113	−395.4990	649.7969
	(225.8825)	(426.3228)	(765.1720)
	0.1274*	0.0258	−0.0862**
	(0.0697)	(0.0926)	(0.0342)
	238.6835	332.3875	1039.7884*
	(234.0443)	(470.1543)	(563.1357)
	−2357.2226	−3399.2954	−11734.2892*
	(2372.7465)	(4680.9314)	(6164.4531)
	43	43	40
	1800.5633***	362.4448***	83.7554***
	0.9155	0.9307	0.8877

財閥系企業の切片は非財閥系企業よりも小さい。

財閥系企業の利益変数の傾きは非財閥系企業よりも大きい。

対する利益の傾きは大きかったことを意味する。この関係をイメージしたものが**図8-4**となる。すなわち，財閥系企業は，利益額が小さなときは，少ない配当支払いで済んだ一方で，利益額が増加するにつれ，配当支払額もより増していったものと考えられる。**第4章**において，財閥の資本市場の役割（本社が傘下企業から利益を吸収し，それを再配分する役割）について紹介したが，それをよく表す結果となっている。

　もっとも，1933年の財閥ダミーの係数は正，利益との交差項は非有意となっていることには注意が必要である（列(4)）。つまり，この時期には，財閥系企業には，収益の状況にかかわらず，一定の配当支払いが課されたと推察される。いわゆる「財閥の転向」後，増加した少数株主の歓心を配当支払いによって買おうとしていた可能性が考えられる。

4.4　法人株主の効果

　最後に，法人大株主ダミーの効果に着目すると（**表8-8**），配当政策に関し

表8-8 ┃ 法人大株主

	(1) 戦前・戦時	(2) 1921	(3) 1928
税引き後利益額	0.5396***	0.6519***	0.5928***
	(0.0344)	(0.0594)	(0.0486)
総資産対数値	246.4556***	455.3509*	620.8779***
	(79.0682)	(242.7675)	(148.6966)
法人大株主ダミー	−349.2579**	−342.0022	−426.9856*
	(150.3983)	(331.3561)	(233.9129)
法人大株主ダミー×税引き後 利益額	−0.0214	−0.0511	−0.0097
	(0.0309)	(0.1233)	(0.0676)
定数項	−2080.2554***	−4048.8550*	−6011.9620***
	(716.2477)	(2303.6293)	(1531.4181)
観測数	236	42	42
F値	246.2213***	71.3642***	134.6983***
補正 R^2	0.9132	0.9378	0.9133

注1：上段は係数を，下段括弧内は不均一分散に頑健な標準誤差を示す。
注2：***, **, * はそれぞれ1％，5％，10％水準で有意であることを表す。

ては，期間によって異なって作用していたことがわかる。つまり，列(3)では，同ダミーの単独項が負となっており，上記財閥ダミーの成果と同様，利益額を同一とすると，（ここで定義する法人大株主が存在しない場合に比べ）配当額が427円低いという結果になっている。法人株主は，恐慌局面において，低収益の際の利益の社外流出を抑制する役割を果たしたと考えられる。その一方で，1930年代の好況期には，そうした機能を維持しつつも，法人大株主ダミーと利益額の交差項が正であることからもわかるように，法人株主は配当の利益感応度を増幅している（列(4)(5)，図8-4）。法人株主は，景気の局面，そして投資先企業のパフォーマンスを勘案しながら，配当政策のあり方を求める投資家であったといえよう。

の配当政策への効果

(4)	(5)	(6)
1933	1937	1942
0.5773***	0.5562***	0.4625***
(0.0787)	(0.0529)	(0.0645)
330.8892	140.1632	1257.7256**
(255.8912)	(328.3061)	(508.5551)
−413.7048*	−533.6380**	289.8719
(223.8672)	(223.0626)	(655.5733)
0.1531*	0.1282***	−0.0477
(0.0878)	(0.0363)	(0.0364)
−3276.2949	−1448.5619	−13913.7916**
(2575.7312)	(3364.7278)	(5537.2372)
43	43	40
154.5717***	1142.1965***	152.8807***
0.9060	0.9359	0.8798

→法人大株主存在企業の切片は法人大株主不在企業よりも小さい。

→法人大株主存在企業の利益変数の傾きは法人大株主不在企業よりも大きい。

5　過渡期としての戦間期

　本章では，20世紀における主要企業のコーポレート・ガバナンス構造の推移について，戦間期を中心に観察してきた。明治期から大正期にかけて個人大株主主導であった企業システムのあり方は，戦間期に変化を見せ始め，資金調達，所有構造において，銀行，保険，事業法人などのいわゆる法人株主が台頭するとともに，財閥のガバナンス構造に変化が現れた。そして，それは企業の利益処分の内容にも影響を与えた。具体的には，財閥系企業では一定の配当支払いが求められるとともに，法人株主のプレゼンスが高かった企業では，特に1920年代の不況局面における配当水準は低く，低収益の際に配当流出が抑制された。その一方で，法人が大株主の企業では，1930年代の好況局面には配当の利益感応度は高く，投資先企業のパフォーマンスに応じた配当支払いを方向づけられた。

　では，以上の分析結果は，コーポレート・ガバナンスの歴史研究にとって，どのような意味を持つのであろうか。それは現代資本主義における過渡期としての戦間期という位置づけという点である。よく知られているように，戦後のガバナンスの典型的特徴として，内部昇進者中心の取締役会構成，資金調達におけるメインバンクの高い役割，株式持ち合いを中心とする所有構造の安定化などが挙げられるが（宮島 2002），本章でもみてきたように，戦間期にはそれらの特徴の萌芽が出始めた時期でもあった。

　もっとも，戦間期には依然「明治大正経済システム」の慣性を強く残しており，前述したような個人と法人株主，あるいは出資者と債権者の利害対立など，ステークホルダー間での摩擦が起こった。こうしたガバナンス主体の間の利害の不一致は，どのような過程で解消されたのであろうか。それは，戦時経済体制期あるいは戦後改革の時期に，さらなる衝突を経つつ，調整が図られたのである。そこで次章では，戦時，戦後におけるガバナンスの変化についてみていこう。

┌ COLUMN 8 ─────────────────────────────

減価償却制度の普及

　戦間期には，上記のような所有構造変化のインパクトを受けて，配当支払いや減価償却など，利益処分のあり方にも変化がみられた。減価償却とは，設備投資の費用を耐用年数などの摩耗に合わせて各期に配分計上する会計措置を指す。それが適切に行われない場合，会計上，（実際には生産性が低下しているのにもかかわらず）資産規模が低下せず，資本効率が悪化し，やがては経営の根幹を揺るがすことになる。

　こうした減価償却では，今日では定率法，あるいは定額法など，費用として一定のルールに基づいて計上することが定められているが，戦前期にはその実施の有無は経営者の裁量に委ねられており，仮に行われても，利益を計上した期において，（費用ではなく）利益処分で実施する企業も多く，安定性に欠けていた（齊藤 2011）。そのため，減価償却を十分に実施しない企業も多かった。高橋（1930）では，その原因として，個人株主の近視眼的要求を挙げ，「事業将来の発展に培ふに必要な，研究費，旧式設備の淘汰に由る新式設備の補充，全設備の能率的運転に必要な手入れ，等を等閑にしてそれに充つべき費用を株主の配当に振り向けるが故に，事業は漸次に荒廃する」（5頁）と述べ，当時の株主と経営者の経営視野の短期化を非難している。

　以上のような状況に変化がみられたのは，1930年代においてであった。投資先企業と取引上の関係を持ち，グループ内で安定株主としての地位を期待された法人大株主が台頭し，投資先企業の中長期的な視野での利益処分を可能とした。そして，それは減価償却の安定的実施につながった。実際，本章のサンプル43社でみても，（減価償却を費用ではなく，利益処分で行ったりと，さまざまなタイプがあるが）戦間期に減価償却実施企業の割合は着実に増加し，1937年時点で7割を超えた（COLUMN 8：表）。企業の経営視野の中長期化という点でも，やはり戦間期は1つのエポックであったと考えられる[9]。

─────────────────────────────

9　なお，戦前期における減価償却の実施に対するコーポレート・ガバナンスが与えた影響については，小野（2008；2021）の実証分析がある。

COLUMN 8：表 ┃ 減価償却実施企業の推移

	1914		1921		1928		1933		1937		1942	
	観測数	(%)	観測数	(%)	観測数	(%)	観測数	(%)	観測数	(%)	観測数	(%)
未実施	10	34.48	21	48.84	16	37.21	12	27.91	10	23.26	17	39.53
費用	8	27.59	7	16.28	10	23.26	12	27.91	12	27.91	9	20.93
中間費用	6	20.69	6	13.95	10	23.26	13	30.23	17	39.53	15	34.88
中間利益	1	3.45	3	6.98	4	9.30	4	9.30	4	9.30	1	2.33
利益処分	2	6.90	6	13.95	3	6.98	2	4.65	0	0.00	1	2.33
積立	2	6.90	0	0.00	0	0.00	0	0.00	0	0.00	0	0.00
計	29	100.00	43	100.00	43	100.00	43	100.00	43	100.00	43	100.00

注1：表中の「費用」は償却を費用計上する企業，「中間費用」は償却を貸借対照表に記載される当期利益の前段階で行う企業，「中間利益」は貸借対照表に記載された後の段階で行う企業，「利益処分」は利益処分で行う企業，「積立」は積立で行う企業。
注2：上記の定義は齊藤（2011）に基づく。

第 9 章

戦時源流論：コーポレート・ガバナンスの連続と断絶

Summary

　　戦時期は，今日のコーポレート・ガバナンスのあり方を考えるうえで，エポックとなった局面であった。株主権限に制約が加えられ，企業の資金調達は直接金融から間接金融へとシフトしていった。また，戦時経済への動員の一環として，労働者の地位向上も図られた。こうした変化を踏まえ，この時期が，戦後のシステムに連続する，日本型の企業システムの起源となったとする説がある（戦時源流論）。本章では，「戦時源流論」の意義と限界について，戦後改革の内容も視野に入れながらみていく。

Key Words

　　戦時源流論，軍需会社法，軍需会社指定金融機関制度，産業報国会，財閥解体

1　日本型コーポレート・ガバナンスの起源はいつか？

　以上，これまでの章では，戦前期におけるコーポレート・ガバナンス構造の形成と変化について，企業を取り巻くステークホルダーとの関係性を中心に検討してきた。それらの内容を簡潔にまとめると，以下のとおりとなろう。

> ● 株式会社制度の導入にあたって，日本企業は特定の資産家層に出資を依存したため，強い株主権の影響を受けることとなった。そのため，利益処分の際には，配当，役員賞与などの面で高い社外流出，そして低い内部留保，減価償却を強いられることとなった。

- 財閥系企業に関しては，持株会社による封鎖的支配を背景として，財閥本社による傘下企業に対する事業運営，あるいは投資計画の事前・期中・事後のチェックが実効的になされた。そして，本社の下に形成された内部資本市場を通じ，傘下企業の業績，将来性は財務諸表などの報告義務を通じて評価され，事業資金の割り当てがなされた。
- 取締役会構成については，財閥系企業では専門経営者の登用による所有と経営の分離が早くから観察された。一方，非財閥系企業では，出資者，オーナーによる取締役会の支配・占有が観察された。もっとも，株式が分散した経営者企業では，兼任大株主重役のモニタリングを受けながらも，戦間期に事業規模の拡大，複雑化を背景として専門経営者が台頭していった。
- 銀行の融資先企業のガバナンス融資先企業は，arm'length（距離を置いた）な取引関係を保つか，事業会社の支配を受けるかの両極端なものであった。いずれにせよ，全般的に，融資先企業に対する情報生産は行われず，それゆえ実効的なモニタリングが行使されることは少なかった。
- 雇用に関しては，労働者の流動性は高く，戦後に比べ，彼らの企業経営に対するプレゼンスは乏しかった。ただし，1920年代以降，財閥系企業などの大企業を中心に，ホワイトカラー層の定着を狙った施策が実施され，日本型雇用システムの萌芽がみられた。
- 戦前期において経営規律を担ったのは，会社支配権市場の存在であった。低パフォーマンス企業にM&Aが仕掛けられ，新しい株主，経営者の下で経営改善が実現された。

　これらの特徴はいつ頃から，**第2章**で論じたような日本型企業統治構造のあり方に転じることとなったのであろうか。有力な説として，1937年の日中戦争の勃発を契機とする戦時経済統制のなかで生まれた，あるいは形成されたとする見解がある。いわゆる，岡崎哲二氏らが唱えた「戦時源流論」である（**表9-1**）。なぜ，戦時経済統制は上記の戦前のガバナンス構造に変化を迫ったのか。どのような過程を経て，戦時期に戦後型システムの様相が浮かび上がったのか。また，戦時源流論の意義，限界は何か。

　本章では，これまで扱ってきたステークホルダーごとに，戦時源流論の再検討を試み，日本型コーポレート・ガバナンス構造の起源について探ることを課題としている。

表9-1 ┃ コーポレート・ガバナンスの戦前・戦後比較

	戦前	戦後
企業金融	直接金融	間接金融
労使関係	早い雇用調整	長期雇用
部品調達	スポット的	長期継続的

出所：岡崎（1996），16頁の表を加筆修正。

2　戦時経済統制とコーポレート・ガバナンス

2.1　株主権限の制約

　まず，根本的な問いとして，戦前から戦後にかけて，企業経営に対する株主のプレゼンスの大幅な後退があったが，その背景に何があったのであろうか。それは，戦時源流論によれば，統制経済を主導した革新官僚の株主主権に対する理解が影響していた。すなわち，彼らは，戦時経済を運営するうえで，株主の利益追及の姿勢が増産インセンティブの阻害要因になっていると捉えたのである。「株主は国家的優先事項を犠牲にして自己利益に執着しているというのが政府の一般的見解」であった（星・カシャップ 2006：81）。そこで，1940年12月に近衛文麿内閣で閣議決定された「経済新体制確立要綱」のなかで，企業は「資本，経営，労務の有機的一体」と認識され，同理念の下，株主権限を制限する施策が実施された（岡崎 1994：74-75）。

　具体的には，配当と株主権限の制限が矢継ぎ早になされた。まず，1939年4月には「会社利益配当及資金融通令」が出され，資本金20万円以上の企業の配当に規制がかかり，直近の配当率を超える場合は主務大臣の許可が必要とされた。翌年10月にはさらに強化され，「会社経理統制令」により，資本金20万円以上の企業について，配当率8％を超える場合はやはり主務大臣の許可が求められた。明確に企業，そして株主の利益追求の姿勢が否定されたのである。

　一方，株主権限の制約については，1943年10月の「軍需会社法」が重要で

表9-2 ▎ コーポレート・ガバナンスに係る戦時経済統制

年月	法令名等	内容
1939年 4 月	会社利益配当及資金融通令の制定	配当制限
1940年10月	会社経理統制令の制定	配当制限の強化
1940年12月	経済新体制確立要綱の閣議決定	「資本，経営，労務の有機的一体」を確認
1941年 8 月	時局共同融資団の設立	日本興業銀行を窓口とした協調融資
1942年 4 月	金融統制団体令の公布	日本銀行による斡旋融資
1943年10月	軍需会社法の制定	生産責任者の設置
1944年 1 月	軍需会社指定金融機関制度の導入	軍需会社に対する指定金融機関による融資

出所：岡崎（1994）などを参考に作成。

あった。同法により，任命について政府の許認可が必要であり，「排他的代表権」をもつ「生産責任者」が各企業に設置された。特筆すべきは，この生産責任者が，緊急勅令によって株主総会の決議を経ずに，業務執行を遂行できたという点である（岡崎 1994：宮島 1995）。商法改正にまではいたらなかったものの，それまで万能の機関としての認識されていた「株主総会」に制約がかけられたのである。

　結果，利益追求の否定，そして株主権限の制約を嫌って，株式市場は低迷し，企業の資金調達における地位を大きく後退させた（**第8章**）。

2.2　金融統制

　政府は，以上のようなプロセスで後退した直接金融市場に代わって，間接金融市場の強化に乗り出した。この背景には，大衆から構成される直接金融市場より，少数の銀行の方がコントロールが効き，資源を軍需産業に傾斜配分させることが容易と政府が判断したことがあった（星・カシャップ 2006：78）。

　間接金融市場のテコ入れは，連年のようになされた。まず，1937年9月には「臨時資金調整法」が出され，一定の貸出には主務大臣の許可が必要とされた。そして，同法に則って策定された「事業資金調整標準」では，軍需産業への融資の最優先順位と定められた（野口 2010：34）。ついで，1939年4月の「会社利益配分及資金融通令」では，政府は大蔵省を通じて，特定企業への日本興業銀行（興銀）からの融資を命令することが可能となった。これは，やがて拡張

され，1940年10月の「銀行等資金運用令」において，政府は興銀以外の長短期融資を指導・管理が可能となった。また，1941年8月には「時局共同融資団」が結成され，興銀主導による協調融資が開始された。この機能は，1942年5月設立の「全国金融統制会」に引き継がれ，協調融資の強化・大規模化が図られた。

　さらに，メインバンク制の起源として，決定的なインパクトを持ったとされているのが，1944年1月から実施された「軍需会社指定金融機関制度」である。そこでは，政府指定の金融機関が，軍需会社の資金需要を全面的に担うこととなった。同制度で重要なポイントは次の2点である。第1は，それまで協調融資方式では，各銀行が個別名義で融資を行っていたのに対し，指定金融機関制度では，幹事行にいったん融資が集められ，幹事行名義で融資がなされるようになった。軍需会社に対する「メイン」となる銀行が配置されたのである。第2に，事後的にみれば，同制度をきっかけに，それまで銀行取引の経験がなかった多くの企業で，銀行との取引が開始され，その関係が戦後にまで持ち越された（星・カシャップ 2006）。つまり，戦後に続くメインバンク制の，外形的な関係がここに構築されたのである。

2.3　財閥の飛躍とその内実

　戦時経済下の重化学工業化の進展にともない，財閥もそれに歩調を合わせ，投資分野を変えていった。いま重化学工業分野に対する3大財閥の投資割合を確認すると，1937年時点では2割から4割といったところであったが，終戦後の持株会社指定時にはおよそ6割から8割へと顕著な伸びをみせている（**表9-3**）。また，全国払込資本金への3大財閥の集中度に関しても，1937年には9％であったものが，指定時には22.9％に達した（**表9-4**）。このように，「戦時の変化の事業拡大の方向に財閥は柔軟に対応」（武田 2020b：308）したのである。

　ただし，こうした表面的な膨張とは反対に，財閥の内実は異なっていた。戦時期において，傘下企業の株式公開が進められた。財閥本社の収入は，子会社の配当収入にもっぱら依存するが，上述のような重化学工業化を背景とする必要資金の増加のペースに応じられず，傘下企業は株式を公開せざるを得なかっ

表9-3 ┃ 各財閥の重化学工業投資

(単位：%)

財閥・部門別		分野別構成比			増加分の寄与率	
		1937	1941	指定時	1937-41	1941-1946
三井	金融	11.5	5.4	5.5	–	5.6
	鉱業	26.5	25.1	15.8	23.8	8.9
	重化学	22.1	39.9	56.6	55.9	68.9
	軽工業	13.8	12.2	8.9	10.7	6.6
	その他	26.0	17.4	13.2	9.8	10.1
三菱	金融	22.1	10.6	6.2	–	2.4
	鉱業	18.6	20.3	10.6	21.9	2.3
	重化学	27.1	36.5	57.5	45.2	75.4
	軽工業	11.5	7.7	2.5	4.1	-1.9
	その他	20.7	24.9	23.3	28.8	21.9
住友	金融	15.1	10.3	4.1	–	0.7
	鉱業	8.8	6.1	7.2	–	7.8
	重化学	35.2	65.5	80.5	131.4	88.7
	軽工業	9.4	1.4	1.8	-16.0	2.0
	その他	31.4	16.7	6.4	-15.3	0.8

出所：武田（2020a），表4-3.

表9-4 ┃ 財閥の資本金集中度

(単位：%)

	年	三井	三菱	住友	安田	4大財閥	5財閥 （6財閥）	9財閥 （10財閥）
対全国比率	1937	3.5	3.3	2.2	1.4	10.4	4.8	15.1
	1945	9.5	8.3	5.1	1.6	24.1	10.7	34.1

注：4大財閥それぞれの数値の合計と「4大財閥」計が一致しないが，資料のままとした。
出所：三和（2012），表11-7，表12-5より抜粋.

　た。3大財閥の総計でみると，1937年には50％超の株式を同族，本社，傘下企業で握っていたが，1945年には41.3％と過半数を割り込むまでにいたった（**表9-5**）。

　もっとも，子会社の株式公開は，第1次世界大戦期以降に漸進的に進んできたものであって，戦時期固有の現象ではない。ここで特筆すべきは，本社自身にも外部資金の導入が図られた点であった。1937年3月には，住友合資が株式

表9-5 ▌財閥本社（グループ）による傘下企業の持株比率（鉱工業，戦時期）

（単位：%）

財閥	会社名	属性	1937		1943	
			本社	グループ	本社	グループ
三井	三井鉱山	直系	100.0	100.0	83.5	84.9
	北海道炭砿汽船	傍系	12.1	34.0	16.9	33.1
	芝浦製作所	傍系	29.7	35.9	13.8	15.1
	大日本セルロイド	傍系	12.5	15.3	12.6	17.7
三菱	三菱鉱業	直系	45.5	48.6	42.8	43.6
	三菱石油	直系	60.0	69.3	-	-
	三菱重工業	直系	49.8	60.9	23.2	34.3
	三菱電機	直系	43.3	43.3	43.8	44.0
	日本化成	直系	0.0	-	16.8	57.3
	旭硝子	傍系	0.0	53.0	0.0	39.2
	三菱製紙	傍系	0.0	-	0.0	38.3
住友	住友別子鉱山	直系	98.6	100.0	-	-
	住友炭坑	直系	98.6	97.2	-	-
	住友アルミニウム精錬	直系	35.0	75.0	41.3	95.8
	住友金属工業	直系	36.7	49.2	25.5	42.3
	住友電線製造所	直系	29.1	73.8	-	-
	住友機械	直系	50.0	50.0	-	-
	住友化学	直系	32.1	38.0	22.8	37.9
	日本電気	傍系	-	19.9	22.4	42.0
	日本板硝子	傍系	25.6	35.0	18.8	26.6
	倉敷絹織	傍系	2.9	7.9	2.9	7.9
平均			38.1	53.0	24.2	41.3

注1：10大株主（あるいは12大株主）の集計。
注2：1943年の三井本社の値は三井物産，あるいは三井高公の数値。
出所：1937年は岡崎（1999）より，1943年は東洋経済新報社『企業統計総覧』より作成。

会社化し，住友本社となった。同年12月には，三菱合資が改組され三菱社となり，1940年には本社が株式公開を行っている。トリッキーな動きを見せたのは三井であった。1940年8月に三井物産が三井合名を吸収合併したうえで[1]，

1　三井では相続税負担に対応するため，①三井合名の解散による資産の各家への分与，あるいは②合名会社保有株式の売却益の捻出，という手段が検討されたが，①は清算所得に対する課税で，②は売却利益に対する課税で，十分な原資が捻出される見込みが立たなかった。そのため，清算所得税がかからない，三井物産が三井合名を吸収合併することで，三井各家は物産株を保有するという方法が採用された（武田 2020b）。ここに総有制の理念が破られたのである。

表9-6　財閥の使用総資本の外部資金依存度

(単位：百万円，%)

	使用総資本			外部資本依存度			増加額の 外部資本比率	
	1937	1941	1945	1937	1941	1945	1937-41	1941-45
三井	1,570	3,374	6,299	47.2	62.0	75.9	74.8	92.0
三菱	1,211	3,093	14,522	53.9	61.4	84.9	66.2	91.3
住友	444	1,280	2,875	26.9	54.1	64.9	68.6	73.6
古河	91	312	857	44.1	59.3	68.8	65.6	74.0
総計	3,316	8,069	24,553	46.8	63.7	79.3	75.9	87.0

出所：武田（2020a），表4-9から抜粋．

　1942年に三井物産が株式公開し，1944年には三井物産は商事部門を切り離し，三井本社と改称している。これらの改組の背景には，戦時期になって負担が増してきた法人・個人への所得税，あるいは当主の代替わりにともなう相続税支払いへの対応があったという。

　とりわけ，財閥のガバナンス後退で決定的であったのは，この期間における負債依存度の高まりであった。全体（本社を含む）でみて，1937年の46.8％から1945年には79.3％へと跳ね上がった（**表9-6**）。上述の指定金融機関制度では，軍需産業であれば無審査で必要資金の手当てがなされた。それまで最大の資金の出し手として，傘下企業を統率していた財閥のガバナンスは大きく後退し，またそのことは内部資本市場の機能を無効化させた。

　もちろん，各財閥においてガバナンスを再強化する試みもなされた。1944年の三井本社の設立，1940年の三菱における財務委員会と査業委員会の設立，あるいは1944年の住友戦時総力会議の設置などがその事例である。いずれも本社による傘下企業の人事制度の管理を通じ，本社のグリップを高めようという狙いであった。ただし，ほとんどのケースで傘下企業の役員選任の承認は形式上のことに過ぎず，場合によっては事後報告ですまされることもあった（沢井1992）。統制経済が進展するなかで，その勢力拡大とは裏腹に，財閥本社の傘下企業に対するガバナンスの実効性は大きく後退していたのである。

2.4　労働者の地位向上

　戦前期においては，ブルーカラーを中心に，繁忙期における労働移動が起こる一方で，不況期には大量の解雇が続発したため，雇用調整速度は戦後に比べて著しく高く，短期雇用の特徴を有していた。もっとも，戦間期には，一部の大企業でホワイトカラー層を対象として，雇用の定着度を高めるような勤続年数に応じた賃金制度が採用されてはいた（菅山 1989；2011）。

　このような雇用定着を促すような人事制度の採用が全般化したのが，戦時期とされる。1939年9月からの賃金統制では，建前上は賃上げは認めらなかったが，例外規定を設け，全従業員の一斉昇給は可能とした。全体的な労働インセンティブを維持しつつ，熟練工に高賃金を提示して，企業間で引き抜きが発生するのを防止するのが目的であった。これが結果として，定期昇給の普及につながり，年功序列システムの起源となったといわれる（野口 2010）。

　また，1937年からは，事業所別で産業報国会が設置された[2]。同会は労使懇談，福利厚生推進の場としての役割が期待されるとともに，従業員に発言の機会が与えられた。産業報国会は，戦後に衣替えして，企業別労働組合の起源となったとされる（野口 2010）。

3　戦時源流論の評価

3.1　意義

　以上のように，戦時源流論は，戦後のコーポレート・ガバナンスの諸要素の起源を，戦時期に強く求めた。その主張の意義として，過去と現在の相違点を示すことにより，「現在の相対化」をすることに寄与したことが挙げられよう（岡崎 2016）。

　そもそも戦時源流論が登場するまで，長期雇用に象徴される日本型雇用シス

2　産業報国会は後に改組され，生産協力会議となった（岡崎 1996）。

テムは，江戸時代の商家での徒弟制度をゆえんとしており，日本の固有文化として認識されてきた。そして，かつてはいわゆる「イエ」制度として，近代的な会社組織に前近代的な家族制度を持ち込んだ日本資本主義の後進性を表すものと捉えられ，日本経済が高度成長を遂げた後は，経済成長の源泉として肯定的な評価に転じた。

　ただし，仮にこうした日本企業の強みが，文化や慣習に依拠するのであれば，同システムを他国に移転するのは難しいとなる。こうした状況下において，岡崎哲二氏らの一連の研究により，戦前と戦後の「非連続性」（そして戦時と戦後の「連続性」）が提唱された。「過去」と「現在」の状態が異なるのならば，いつの時点で変化が起こったのか，あるいは現在の状態の存在理由は何かなどの疑問などが生まれ，「終身雇用＝日本文化論」を見つめなおす契機ともなる。また，特定のシステムが人為的に作られた制度ならば，他国への移行の可能性も開けよう。

　戦時源流論が打ち出されて以来，長期雇用，年功賃金，メインバンク制など，日本の企業統治の各様子の位置づけが再解釈の対象となり，その歴史研究が本格化，深化した。同見解の提唱の功績は実に大きいものがある。

3.2　限界

　このように戦時源流論は，日本経済史研究にとってエポックとなり，その反響は大きかった。そして，1990年代から2000年代にかけて，その論拠，検証方法についての研究が積み重ねられ，戦後のコーポレート・ガバナンス構造の形成に関して，戦後改革のインパクトを重視する立場の論者から，疑義が提示されるにいたった（橋本 1996；宮島 1995；1996）。

　たとえば，その疑問の1つとして，戦時期における所有構造の変化は小さく，経営者選任も戦前の慣性を強く残していたことが指摘されている。財閥系企業では内部昇進者が，ファミリー企業では同族が，経営者企業では取引関係を重視して退役軍人が登用され，戦前期のように大株主の意向が反映していたという（宮島 1995b；1996）。

　また，金融統制に関しても，債務が政府保証されたことによって，銀行は融資先企業をモニタリングするインセンティブに乏しく，ソフトな予算制約

（soft budget constraint）であった。銀行は軍需会社の従属的地位，「出納係」に過ぎず（橋本 1996），戦後のメインバンクのような，経営規律を与えるような存在ではなかった。

　さらに，労働者の保護についても，事業所別に設けられた産業報国会は，あくまで労働者の不満のガス抜きの場であり，その権利保護は不安定，脆弱であった。戦後のように，労働者の地位は法律によって認められたものではなかった。

4　戦後改革のインパクト

　そのため，戦時経済統制を前提に，戦後改革やその「日本的修正」を経て，日本型企業統治構造が形成されたとの見方も提示されている。ここではその見解を簡単に紹介していこう。

4.1　安定株主関係

　GHQ/SCAP（連合国軍総司令部最高司令官）は，財閥を帝国主義的な対外進出の衝動要因としてとらえ，それらの徹底的な解体を命じた。そして，それを受け，4大財閥に加え，83の持株会社が解体の対象となった。解体のステップとしては，まず，財閥本社の解体がされ，財閥本社・家族が保有する傘下企業株式は持株会社整理委員会（HCLC：Holding Company Liquidation Commission）に強制譲渡されることとなった。ついで，HCLC はその株式の処分にあたって，①当該企業の従業員，②その企業の工場が立地する地域住民，③一般公衆に譲渡していった（＝証券民主化）。占領当局には，高度に分散した株式市場の成立がイメージにあったという。

　この結果，財閥解体後には株式集中度が低下し，個人株主が急増することになったが（前掲図8-2），それには思わぬ副作用があった。敗戦後のインフレ抑制を目的として，1949年からドッジラインによる緊縮財政政策が採られると，個人が売却した株式を買い集め，有力企業に敵対的買収を仕掛けるケースが多発した。たとえば，横井秀樹による白木屋（1949年）や，藤綱久二郎による陽

表9-7 ｜ 企業集団内の持ち合い比率

（単位：％）

集団名	社長会	設立年月	メンバー企業数 （1990年）	1953	1958	1963	1968
住友	白水会	1951年前後	20	11.2	17.1	27.6	24.5
三菱	金曜会	1955年（推定）	29	(10.6)	14.1	19.2	18
三井	二木会	1961年10月	24	(5.2)	(6.7)	12.5	13.7
富士	芙蓉会	1966年1月	29	(4.4)	(6.4)	(9.7)	(13.6)
三和	三水会	1967年2月	44	(2.1)	(4.3)	(6.5)	(8.7)
第一勧銀	三金会	1978年1月	47	–	–	–	–

注：（ ）内は，その時点で社長会が結成されておらず，企業集団として未成立であったことを示す。
出所：橘川（1996）の表4-1，下谷（1993）の表4-1．

和不動産（1954年）の買占めなどが代表的な事例である。そのため，旧財閥系企業を中心に，取引先企業や銀行に株式保有を依頼していった。この際，その受け皿となったのが，講和前後に旧財閥メンバー企業で結成された社長会であった（表9-7）。株式持ち合いに象徴される，企業間の安定株主関係が徐々に形成されていったのである。

　その後，高度成長期における資本自由化による外資買収の脅威，証券不況期における株価維持機関保有株式の取引先企業へのはめ込みを経て，1960年代後半には株式持ち合いは確立に向かうこととなった。

4.2　内部昇進者からなる取締役会構成

　一方で，財閥解体は，本社の傘下企業に対する人的支配の廃絶も目的としていた。1947年1月からは財界追放が開始され，戦争責任の追及の一環として，旧経営陣の退陣が指示された。結果，主要財界人2,000人が役員の地位から追放された。また，1948年1月の財閥同族支配力排除法では，財界追放の漏れを補うように，財閥同籍者42名，財閥関係役員145名がその職から追放されることとなった。

　旧経営陣の一掃後，空席となったポストに座ったのは，役員の経験を有しない，工場長，あるいは部長クラスの現場出身の内部者であった。取締役会への内部昇進者の進出は，戦前，戦時から徐々に進展していたが，戦後改革は，内

部昇進者からなる取締役会構成という特徴を一挙に方向づけることとなった。実際，この点については，戦前から戦後にかけて，取締役会における内部昇進者の比率が急上昇していることからも明らかであろう（**第5章**）。

4.3　メインバンクシステム

　メインバンクシステムの形成にとって，重要であったのは，旧指定金融機関が戦後の融資先企業の再建にも関与したことであった。それらは，戦時補償の打ち切りを原因とする特別損失の計算と処理（＝旧勘定），および企業活動再開に向けての残余財産の査定（＝新勘定）を行った。その過程で，融資先企業の内部情報を獲得していったのである。この点が，軍需会社の単なる「出納係」に過ぎなかった戦時期の指定金融機関とは大きく異なる点であった。この際に得られた情報は，経営状態の確認とモニタリングに利用され，融資先企業が経営危機に陥った際には，フレキシブルに経営介入が行われた（状態依存型ガバナンス；青木・パトリック 1996）。さらに，講和前後には，融資比率の大きな企業に対する株式保有，役員派遣が進展し，メインバンク制度の条件が整い始めた（**第8章**）。

4.4　三種の神器

　労働者の法的権限は，1945年12月制定の労働三法で保証されることとなった。特に労働組合法では，労働者の団結権，団体交渉権，争議権をはじめて法的に認めた。これを受け，労働組合の組織率は急上昇し（**表9-8**），労働運動が高揚した。そして，それが最高潮に達したのが，ドッジデフレ下での労働争議であった。このとき，多くの企業が，組合側の頑強な抵抗にあい，長期の生産停止に追い込まれた。多額の損失を計上した企業は，やがて外部者（銀行）による介入と経営責任の追及に直面することとなった。この過程で，経営側は解雇がコストをともなうことを学習し，以降，できるだけ人員整理を避け，従業員の熟練を長期的に高めていくという方向性に人事政策を転換した。これが雇用を長期化させるきっかけとなった。

　労働組合に関しては，終戦後，争議の主導権をめぐってアメリカ式の産業別労働組合と，戦時期の産業報国会を引き継いだ企業別労働組合の勢力が拮抗し

表9-8 ┃ 労働組合・労働争議の動向

年	労働組合数	労働組合員数 （千人）	推定組織率 （％）	争議件数	参加人数 （千人）	労働損失日数 （千日）
1945	509	380	3.2	95	36	－
1946	17266	4926	41.5	810	635	6266
1947	23323	5692	45.3	683	295	5036
1948	33926	6677	53	913	2605	6995
1949	34688	6655	55.8	651	1240	4321
1950	29144	5774	46.2	763	1027	5486
1951	27644	5687	42.6	670	1386	6015
1952	27851	5720	40.3	725	1843	15075
1953	30129	5843	38.2	762	1743	4279
1954	31456	5986	37.1	780	1547	3836
1955	32012	6166	37.2	809	1767	3467

注1：1945年，1946年の組合数・組合員数・組織率は12月末，その他は6月末の数値。
注2：組織率＝組合員数 / 雇用労働者数。
注3：労働組合数・組合員数は，単位労働組合についての数値。
出所：沢井（2007），表4-4．

ていた。ただ，レッドパージによる共産党の影響力の排除（＝産業別労働組合の指導者層の追放）や，ドッジデフレ下で産業別労働組合が主導した労働争議が相次いで敗北に終わったことにより，その影響力は後退し，企業別労働組合が根付くターニング・ポイントとなった[3]。

　賃金制度については，敗戦後の労働攻勢に押され，当初，経営側は妥協を重ねなければならなかった。その産物が，いわゆる「電算型賃金」である。これは日本電気産業労働組合協議会（電産協）が経営側に要求した生活給色彩のきわめて濃い賃金体系であった。終戦後，人々の生活が困窮をきわめるなか，他産業の企業や労働組合に大きな影響を与え，普及していった。戦後の年功賃金とはコンセプトを異にする制度であるが，その再検討の契機は次の2つの出来事で与えられた。第1は，1949年5月に労働組合法が改正され，人事に対する組合規制が後退したことである。これにより人事制度をめぐる経営権が回復した（橋本ほか 2019）。第2は，ドッジデフレ下において，経営環境が悪化した

3　なお，戦後の労働組合は，ホワイトカラーとブルーカラーが同一の組合に属する工職混合の労働組合であり，ブルーカラーのホワイトカラー化が推進された。

ため，企業の存続と雇用の維持を優先して，賃金面での労使間の協調がしやすい状況になったことである。ここから生活給と能力給（主に職能給から構成）の要素をミックスさせた年功賃金が定着することとなった[4]。

すなわち，戦後改革，ドッジデフレの時期において，①長期雇用，②年功賃金，③企業別労働組合の日本的雇用システムが浮かび上がってきたのである。

5　コーポレート・ガバナンス史の実証分析の可能性

結局のところ，日本型コーポレート・ガバナンスの起源をめぐる議論は，戦時期から戦後改革期のいずれの改革のインパクトを重視するのかという点にかかっている。戦後改革を重視する論者は，戦時源流論に対し，戦時期のデータによる論拠に提示がなされていないことを問題とする。つまり，戦前と戦後の変化を観察しただけでは，戦時期に変化があったとは判断できず，実際に変化が生じたのは戦後にあった可能性を指摘するのである。ただし，その批判は，戦後改革を起源と設定する論者にも跳ね返ってくる。なぜなら，彼らの批判の根拠の多くも，あくまで個別ケースの例示に限られるからである。

こうしたデータに基づかない論争がなされている背景には，①個人 PC の普及が不十分で，データ分析を行う環境になかったことに加え，②データ分析を行う戦争末期（特に1943年後半）から1950年前後までの大企業データが，これまで体系的に入手困難であったことが指摘できる。かつて大企業の財務・所有構造データは，主にマイクロフィルムで提供されたため，大量にデータを収集し，加工するのに制約があった。ただ，近年，環境は異なりつつある。すなわち，個人 PC の普及とともに，J-DAC が提供する「企業史料統合データベース」など，明治期の会社設立時から高度成長期までの営業報告書，有価証券報告書が途切れなく，画像形式（PDF）で提供されるようになり，データのハンドリングが圧倒的に改善しているのである。

4　職能とは，本人の与えられた職務に対する遂行能力を意味するが，その厳密な判定は事実上困難であり，やがて職能と勤続年数は比例するものと捉えられるようになり，実質上，年功賃金を意味するものとなっていった。

　いまや戦前，戦時，そして戦後を区切れなく一貫させた大企業データを構築できる環境が整いつつある。空白部分を埋めることによって，個々の時期のシステムの固有の特徴を導き出すとともに，前後の時代の相対化が可能となるため，ガバナンスの歴史研究が新たな展開を迎えることが期待される。

COLUMN 9

地銀再編の経済史

　先日，興味深い記事を目にした。経営統合を決めた地域銀行へ政府が補助金（日銀当座預金口座の利子引上げ）を給付するという内容であった。これには，銀行経営の健全化を目指す意向があるという（「号砲 地銀再編（上）」『日本経済新聞』2020年12月1日）。

　振り返ってみれば，政府の制度設計は統合の波動を地銀業界にもたらしてきた。その大きなものの1つは1920年代に訪れた。かの有名な「片岡失言」によって引き起こされた金融恐慌（1927年）下において，「銀行法」が制定されたことが地銀統合を後押しした（**第6章**）。同法は1981年の改正まで続く息の長い法律であったが，その内容には最低資本金の設定などが含まれていた。これには体力のない銀行が破綻して預金者の利益を毀損したことへの反省があったという。同法は劇的な効果を発揮し，1925年には1,600を超えていた普通銀行の数は統合，廃業などにより，1930年には800弱へと半減した。その後，1930年代以降の準戦時期・戦時期において，地域金融機関の預金吸収量の向上と，それを通じた地域金融の促進を目指した「1県1行主義」に基づく銀行合同政策により，この流れはさらに加速する（後藤 1968；COLUMN 9：図）。

COLUMN 9：図 ▎戦前・戦時期の銀行数推移

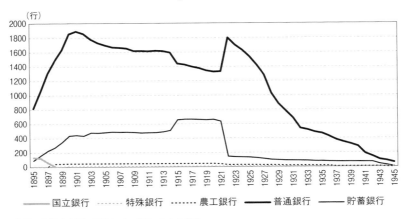

国立銀行　　特殊銀行　　農工銀行　　普通銀行　　貯蓄銀行

出所：後藤（1968）の表9-1，表9-2より作成。

　一方，戦後の地銀統合の波動は1990年代末以降に発生した。それは都市銀行の統合から始まり，地銀へと波及した。地域経済の減速，ゼロ金利政策による収益減などが原因であったが，統合の触媒となったのが，純粋持株会社の解禁（1997年）であった。同方式を利用することで，共同持株会社の下に，統合参加行をぶら下げるだけで統合が完了する。従来の合併方式のように組織を融合する摩擦を回避できるため，長期雇用で固有の組織文化を築いている日本企業にはメリットがあるいう。1990年代末以降の29件の地銀統合のうち，20件（約7割）が持株会社方式を活用したものであった（COLUMN 9：表）。

COLUMN 9：表 ▎統合タイプ別ケース一覧

統合タイプ	実施年	統合行	被統合行
合併方式	2000年	大阪銀行	近畿銀行
	2003年	関東銀行	つくば銀行
	2004年	関西さわやか	関西
	2004年	西日本銀行	福岡シティ銀行
	2010年	関西アーバン銀行	びわこ銀行
	2010年	関東つくば銀行	茨城銀行
持株会社方式	2001年	北洋銀行	札幌銀行
	2001年	広島総合銀行	せとうち銀行
	2002年	親和銀行	九州銀行
	2005年	殖産銀行	山形しあわせ銀行
	2006年	紀陽銀行	和歌山銀行
	2006年	山口銀行	もみじHD
	2007年	福岡銀行	熊本ファミリー銀行
	2009年	池田銀行	泉州銀行
	2009年	荘内銀行	北都銀行
	2010年	徳島銀行	香川銀行
	2012年	きらやか銀行	仙台銀行
	2014年	東京都民銀行	八千代銀行
	2015年	鹿児島銀行	肥後銀行
	2016年	横浜銀行	東日本銀行
持株会社による買収	2004年	ほくぎんFG	北海道銀行
	2007年	ふくおかFG	親和銀行
	2016年	トモニHD	大正銀行
	2016年	常陽銀行	足利HD

注1：統合行，被統合行の分類はレコフデータ「マール」による。
注2：HDはホールディングス，FGはフィナンシャルグループを表す。
注3：山口銀行ともみじHDのケースは，統合時に山口FGが作られその傘下にもみじHDが入ったため，持株会社による買収ではなく持株会社方式に分類されている。
原資料：レコフデータ「マール」各号，全国銀行協会「平成元年以降の提携・合併リスト」
出所：川本ほか（2020），付表.

　では，冒頭の補助金政策は，地銀統合の波動をもたらすのであろうか。補助金形態は新たな統合支援策とも捉えられることから，実務的にも，また研究対象としても，注目が集まるところである。

　※　本 COLUMN は，筆者が南山大学大学院社会科学研究科ウェブに掲載したコラム（「地銀再編の経済史」〈https://depts.nanzan-u.ac.jp/grad/ss/column/economics/020394.html〉に依拠している。

参考文献

（★は本書で推計結果を紹介した研究となる）

【日本語文献】

青地正史（2005）「戦時期における日本企業のゴーイング・コンサーン化：非財閥系企業を中心に」
『富大経済論集』第50巻第3号，269-296頁．

青地正史（2006）「戦前日本企業と『未払込株金』」『富大経済論集』第51巻第2号，173-206頁．

淺木慎一（1999）「大正バブルの崩壊と経済的矛盾の露呈：昭和13年改正・有限会社法の制定」浜田
道代編『日本会社立法の歴史的展開：北澤正啓先生古希祝賀論文集』商事法務研究会，152-205頁．

淺木慎一（2003）『日本会社法成立史』信山社出版．

麻島昭一（1995）「大企業の資金調達」由井常彦・大東英祐『日本経営史3　大企業時代の到来』岩
波書店，219-271頁．

阿部武司（2002）「産業構造の変化と独占」石井寛治・原朗・武田晴人『日本経済史3　両大戦間
期』東京大学出版会，53-125頁．

石井耕（1996）『現代日本企業の経営者：内部昇進の経営学』文眞堂．

伊丹敬之（1995）「戦後日本のトップ・マネジメント」森川英正・米倉誠一郎編『日本経営史5　高
度成長を超えて』岩波書店，93-136頁．

伊丹敬之（2000）『日本型コーポレートガバナンス：従業員主権企業の論理と改革』日本経済新聞社．

猪木武徳・樋口美雄編（1995）『日本の雇用システムと労働市場』日本経済新聞社．

井原久光（2008）『テキスト経営学（第3版）』ミネルヴァ書房．

伊牟田敏充（1976）『明治期株式会社分析序説：講義用テキスト』法政大学出版会．

岩崎一郎（2007）「取締役会構成とその内生性：ロシア株式会社の実証分析」*IER Discussion Paper
Series*（一橋大学経済研究所），No.A490．

宇田川勝（1984）『新興財閥（日本財閥経営史）』日本経済新聞社．

内田交謹（2008）「コーポレート・ガバナンス改革と郵便貯金：取締役会規模と構成を中心に」『ゆう
ちょ資産研究』（財団法人ゆうちょ財団）第16巻，1-23頁．

江川雅子（2018）『現代コーポレートガバナンス』日本経済新聞出版社．

岡崎哲二（1993）「企業システム」岡崎哲二・奥野正寛編『現代日本経済システムの源流』日本経済
新聞社，97-144頁．

岡崎哲二（1994）「日本におけるコーポレート・ガバナンスの発展：歴史的パースペクティブ」『金融
研究』第13巻第3号，59-95頁．

岡崎哲二（1996）「歴史制度分析：経済史の新しい流れ」『経済セミナー』第494号，13-17頁．

岡崎哲二（1999）『持株会社の歴史：財閥と企業統治』筑摩書房．

岡崎哲二（2002）『経済史の教訓：危機克服のカギは歴史の中にあり』ダイヤモンド社．

岡崎哲二・澤田充（2003）「銀行統合と金融システムの安定性：戦前期日本のケース」『社会経済史
学』第69巻第3号，25-46頁．

岡崎哲二（2004）「戦前日本における専門経営者雇用の決定要因と効果」『一橋ビジネスレビュー』第
52巻第2号，50-63頁．

岡崎哲二・浜尾泰・星岳雄（2005）「戦前日本における資本市場の生成と発展：東京株式取引所への
株式上場を中心として」『経済研究』第56巻第1号，15-29頁．

岡崎哲二（2016）『コア・テキスト経済史（増補版）』新世社.

岡崎哲二（2017）『経済史から考える：発展と停滞の論理』日本経済新聞社.

岡本大輔・古川靖洋・佐藤和・馬場杉夫（2012）『深化する日本の経営：社会・トップ・戦略・組織』千倉書房.

小佐野広（2001）『コーポレート・ガバナンスの経済学』日本経済新聞社.

尾関純・小本恵照（2006）『M&A戦略策定ガイドブック（新版）』中央経済社.

小野武美（2008）「株式会社の所有構造と減価償却行動：戦前期わが国企業の計量分析」『東京経大学会誌（経営学）』第258号，145-155頁.

小野武美（2021）『企業統治の会計史：戦前期日本企業の所有構造と会計行動』中央経済社.

片岡豊（1987）「明治期の株式市場と株価形成」『経営史学』第53巻第2号，159-181頁.

片岡豊・寺西重郎（1996）「産業金融と金融政策」西川俊作・尾高煌之助・斎藤修編『日本経済の200年』日本評論社，95-116頁.

加藤健太（2006）「東京電灯と企業合併と広域電気供給網の形成」『経営史学』第41巻第1号，3-27頁.

加藤健太・大石直樹（2013）『ケースに学ぶ日本の企業：ビジネス・ヒストリーへの招待』有斐閣.

鐘紡株式会社（1988）『鐘紡百年史』.

上月直人（1990）「鈴木商店の経営者層：専門経営者の果たした役割」『経営史学』第25巻第1号，19-37頁.

川村一真・清水泰洋・藤村聡（2015）「戦前期の賃金分布：会社内・会社間比較」『国民経済雑誌』第211巻第4号，69-84頁.

川本真哉・宮島英昭（2008）「戦前期日本における企業統治の有効性：経営者交代メカニズムからのアプローチ」宮島英昭編『企業統治分析のフロンティア』日本評論社，314-339頁.

川本真哉（2009）「20世紀日本における内部昇進型経営者：その概観と登用要因」『企業研究』第15号，5-21頁．★

川本真哉・河西卓弥・齋藤隆志（2020）「持株会社による地域銀行の経営統合」下谷政弘・川本真哉編『日本の持株会社：解禁20年後の景色』有斐閣，125-150頁.

川本真哉・宮島英昭（2021）「戦前日本における会社支配権市場：ターゲット企業の特徴と事後パフォーマンス」『経営史学』第56巻第1号，3-25頁，★

川本真哉（2022）「20世紀日本企業の資本構成・所有構造・利益処分」『南山経済研究』第37第1号，23-44頁．★

北浦貴士（2014）『企業統治と会計行動：電力会社における利害調整メカニズムの歴史的展開』東京大学出版会.

久保克行（2010）『コーポレート・ガバナンス：経営者の交代と報酬はどうあるべきか』日本経済新聞社.

後藤新一（1968）『本邦銀行合同史』金融財政事情研究会.

後藤新一（1991）『銀行合同の実証的研究』日本経済評論社.

齋藤卓爾（2011）「日本企業による社外取締役の導入の決定要因とその効果」宮島英昭編『日本の企業統治：その再設計と競争力の回復に向けて』東洋経済新報社，181-213頁.

齋藤卓爾・宮島英昭・小川亮（2017）「企業統治制度の変容と経営者の交代」宮島英昭編『企業統治と成長戦略』東洋経済新報社，305-334頁.

齊藤直（2004）「戦前期企業財務データベースの構築をめぐって：財務諸表の形式における裁量性を

中心にして」『季刊企業と法創造』第 1 巻第 3 号，94-103頁.

齊藤直（2011）「戦間期日本企業の減価償却：1930年代における減価償却の定着」『国際交流研究』第 13号，131-157頁.

齊藤直（2014）「戦間期日本における大企業の資金調達：資本異動に関する分析を中心に」『国際交流研究』第16号，29-52頁.

齊藤直（2015）「大企業体制の成立と資源配分：両大戦間期の企業金融を分析する意義」『国際交流研究』第17号，1-26頁.

齊藤直（2016）「戦前日本における株式分割払込制度：先行研究の批判的検討と新たな分析視角」『国際交流研究』第18号，81-102頁.

齊藤直（2018）「戦前期企業統治の再現か？：株主アクティビズムの歴史的位置づけ」『企業会計』第 70巻第 5 号，25-32頁.

笹渕裕介・大野幸子・橋本洋平・石丸美穂（2020）『超入門　すべての医療従事者のための RStudio ではじめる医療統計』金芳堂.

沢井実（1992）「戦時経済と財閥」法政大学産業情報センター・橋本寿朗・武田晴人編『日本の経済発展と企業集団』東京大学出版会，149-202頁.

沢井実（2007）「戦前から戦後へ：企業経営の変容」宮本又郎・阿部武司・宇田川勝・沢井実・橘川武郎『日本経営史（新版）：江戸時代から21世紀へ』有斐閣，227-295頁.

四宮俊之（1997）『近代日本製紙業の競争と協調：王子製紙，富士製紙，樺太工業の成長とカルテル活動の変遷』日本経済評論社.

志村嘉一（1969）『日本資本市場分析』東京大学出版会.

下谷政弘（1993）『日本の系列と企業グループ』有斐閣.

下谷政弘（2020）『いわゆる財閥考：三井，三菱，そして住友』日本経済評論社.

末廣昭（2006）『ファミリービジネス論：後発工業化の担い手』名古屋大学出版会.

末吉正成・末吉美喜（2017）『EXCEL ビジネス統計（第 3 版）』翔泳社.

菅山真次（1989）「戦間期雇用関係の労職比較：「終身雇用」の実態」『社会経済史学』第55巻第 4 号，407-439頁.

菅山真次（2011）『「就社」社会の誕生：ホワイトカラーからブルーカラーへ』名古屋大学出版会.

鈴木良隆・安倍悦生・米倉誠一郎（1987）『経営史』有斐閣.

住友金属工業株式会社（1957）『住友金属工業六十年小史』.

醍醐聰（1990）『日本の企業会計』東京大学出版会.

高浦忠彦（1994）「会社制度，金融制度と財務政策」大澤豊・一寸木俊昭・津田眞澂・土屋守章・二村敏子・諸井勝之助『経営史：西洋と日本』有斐閣，139-205頁.

高橋亀吉（1930a）『日本財閥の解剖』中央公論社.

高橋亀吉（1930b）『株式会社亡国論』萬里閣書房.

高橋亀吉・森垣淑（1993）『昭和金融恐慌史』講談社.

高村直助（1996）『会社の誕生』吉川弘文館.

武田晴人（1995a）『財閥の時代：日本型企業の源流をさぐる』新曜社.

武田晴人（1995b）「大企業の構造と財閥」由井常彦・大東英祐編『日本経営史 3　大企業時代の到来』岩波新書，79-115頁.

武田晴人（2020a）『日本経済の発展と財閥本社：持株会社と内部資本市場』東京大学出版会.

武田晴人（2020b）『財閥の時代』KADOKAWA.

舘龍一郎・諸井勝之助（1965）「戦前・戦後の企業金融」舘龍一郎・渡部経彦『経済成長と財政金融』岩波書店.

田中一弘・守島基博（2004）「戦後日本の経営者群像」『一橋ビジネスレビュー』第52巻第2号，30-48頁.

谷口明丈（2005）「アメリカ巨大企業のコーポレート・ガバナンス（1899-1999年）」『立命館経済学』第54巻第3号，52-73頁.

帝人（1968）『帝人の歩み　2』.

寺西重郎（1982）『日本の経済発展と金融』岩波書店.

寺西重郎（2003）『日本の経済システム』岩波書店.

寺西重郎（2006）「戦後日本の金融システムは銀行中心であったか」『金融研究』第25巻第1号，13-40頁.

寺西重郎（2011）『戦前期日本の金融システム』岩波書店.

東京証券取引所（2022）『コーポレート・ガバナンス白書　2021』.

長島修（1981）「1930年代の日本鉄鋼業（中）：日本鋼管株式会社の場合」『立命館経営学』第20巻第1号，35-68頁.

中谷巌（2003）「コーポレート・ガバナンス改革はなぜ必要か」中谷巌編『コーポレート・ガバナンス改革』東洋経済新報社，11-46頁.

中村尚史・高島正憲・中林真幸（2021）「実証的経済史研究の現在」『社会科学研究』第72巻第2号，27-53頁.

南條隆・粕谷誠（2009）「株式分割払込制度と企業金融，設備投資の関係について：1930年代初において株式追加払込が果たした役割を中心に」『金融研究』第28巻第1号，47-71頁.

南波礼吉（1930）『日本買占史』春陽堂.

西野嘉一郎（1935）『近代株式会社論』森山書店.

日本工業倶楽部編（2003）『日本の実業家：近代日本を創った経済人伝記目録』日外アソシエーツ.

日本コーポレート・ガヴァナンス・フォーラム・コーポレートガヴァナンス原則策定委員会（1998）「最終報告　コーポレートガヴァナンス原則：新しい日本型統治を考える」久保利英明・鈴木忠雄・高梨智弘・酒井雷太『日本型コーポレートガバナンス』日刊工業新聞社，229-252頁.

日本製粉株式会社（1968）『日本製粉株式会社七十年史』.

野口悠紀雄（2010）『1940年体制：さらば戦時経済（増補版）』東洋経済新報社.

野田正穂（1980）『日本証券市場成立史』有斐閣.

橋本寿朗（1992）「財閥のコンツェルン化」法政大学産業情報センター・橋本寿朗・武田晴人編『日本経済の発展と企業集団』東京大学出版会，91-148頁.

橋本寿朗（1996）「企業システムの『発生』，『洗練』，『制度化』の理論」橋本寿朗編『日本企業システムの戦後史』東京大学出版会，1-42頁.

橋本寿朗・長谷川信・宮島英昭・齊藤直（2019）『現代日本経済（第4版）』有斐閣.

平野隆（2011）「『日本的経営』の歴史的形成に関する議論の変遷：歴史把握と現状認識の関係」『三田商学研究』第54巻第5号，129-146頁.

藤野正三郎・寺西重郎（2000）『日本金融の数量分析』東洋経済新報社.

正木久司（1969）「戦前における株式会社の所有と支配：増地・西野両教授の所論吟味」『同志社商学』第20巻第3・4号，207-253頁.

増地庸治郎（1936）『我が国株式会社に於ける株式分散と支配』同文館.

松浦寿幸（2021）『Stata によるデータ分析入門（第 3 版）』東京書籍.

松尾順介（1999）『日本の社債市場』東洋経済新報社.

松田芳郎・大井博美（1981）『個別企業財務諸表データベース　明治中期より昭和前期：鉄鋼・金属機械工業26社』一橋大学経済研究所日本経済統計文献センター.

松田芳郎・大井博美・野島敦之・杉山文子（1981）『個別企業財務諸表データベース　明治中期より昭和前期：鉱業・造船・食品・化学工業等99社』一橋大学経済研究所日本経済統計文献センター.

松本茂（2014）『海外企業買収　失敗の本質：戦略的アプローチ』東洋経済新報社.

南亮進（1996）『日本の経済発展と所得分布』岩波書店.

三和良一・原朗（2010）『近現代日本経済史要覧（増訂版）』東京大学出版会.

三和良一（2012）『概説日本経済史　近現代（第 3 版）』東京大学出版会.

宮島英昭（1992）「財閥解体」法政大学産業情報センター・橋本寿朗・武田晴人編『日本経済の発展と企業集団』東京大学出版会，203-254頁.

宮島英昭（1995a）「企業集団・メインバンクの形成と設備投資競争」武田晴人編『日本産業発展のダイナミズム』東京大学出版会.

宮島英昭（1995b）「専門経営者の制覇：日本型経営者企業の成立」山崎弘明・橘川武郎編『日本経営史 4　『日本的』経営の連続と断絶』岩波書店，75-124頁.

宮島英昭（1996）「財界追放と経営者の選抜：状態依存型ガヴァナンス・ストラクチュアの形成」橋本寿朗編『日本企業システムの戦後史』東京大学出版会，43-108頁.

宮島英昭・近藤康之・山本克也（2001）「企業統治・外部役員・企業パフォーマンス：日本企業システムの形成と変容」『日本経済研究』第43号，18-45頁.

宮島英昭（2002）「日本的企業経営・企業行動」貝塚啓明・財務省財務総合政策研究所編『再訪　日本型経済システム』有斐閣，9 -54頁.

宮島英昭・青木英孝（2002）「日本企業における自律的ガバナンスの可能性：経営者選任の分析」伊藤秀史編『日本企業　変革期の選択』東洋経済新報社，71-106頁.

宮島英昭・原村健二・江南喜成（2003）「進展するコーポレート・ガバナンス改革をいかに理解するか：CGS（コーポレート・ガバナンス・スコア）による分析」『フィナンシャル・レビュー』第68号，156-193頁.

宮島英昭（2004）『産業政策と企業統治の経済史：日本経済発展のミクロ分析』有斐閣.

宮島英昭（2007）「増加する M&A をいかに読み解くか：分析視角と歴史的パースペクティブ」宮島英昭編『日本の M&A：企業統治・組織効率・企業価値へのインパクト』東洋経済新報社，1 -41頁.

宮島英昭・今城徹（2008）「戦前期日本における M&A の動向と特徴：20世紀企業 M&A データベースを用いた検討」宮島英昭編『企業統治分析のフロンティア』日本評論社，340-359頁.

宮島英昭・尾身祐介・川本真哉・齊藤直（2008）「20世紀日本企業のパフォーマンスと所有構造」宮島英昭編『企業統治分析のフロンティア』日本評論社，281-313頁.

宮島英昭（2017）「企業統治改革の20年」宮島英昭編『企業統治と成長戦略』東洋経済新報社，1 -60頁.

宮島英昭（2020）「"歴史"からみる日本の M&A」『法律のひろば』第73巻 8 号，13-21頁.

宮本又郎（1990）「産業化と会社制度の発展」西川俊作・山本有造編『日本経済史 5　産業化の時代』岩波書店，351-401頁.

宮本又郎・阿部武司（2002）「会社制度成立期の「コーポレート・ガバナンス：大阪紡績会社と日本生命保険会社の事例」伊丹敬之・藤本隆宏・岡崎哲二・伊藤秀史・沼上幹『リーディング日本の企

業システム　第Ⅱ期第2巻：企業とガバナンス』有斐閣，233-258頁.

宮本光晴（2004）『企業システムの経済学』新世社.

森川英正（1978）『日本財閥史』教育社.

森川英正（1980）『財閥の経営史的研究』東洋経済新報社.

森川英正（1981）『日本経営史』日本経済新聞社.

森川英正（1995）「概説　1955-90年代」森川英正・米倉誠一郎編『日本経営史5　高度成長を超えて』岩波書店，1-52頁.

森川英正（1996）『トップ・マネジメントの経営史：経営者企業と家族企業』有斐閣.

森川英正（1998）「内部昇進型経営者企業の一考察：終身雇用と中途採用」『慶應経営論集』第15巻第2号，1-21頁.

森田果（2014）『実証分析入門：データから「因果関係」を読み解く方法』日本評論社.

安岡重明（1976）「日本財閥の歴史的位置」安岡重明編『日本の財閥』日本経済新聞社.

山本勲（2015）『実証分析のための計量経済学：正しい手法と結果の読み方』中央経済社.

山本拓・竹内明香（2013）『入門計量経済学：Excelによる実証分析へのガイド』新世社.

由井常彦・M．フルーエン（1983）「日本経営史における最大工業企業200社」『経営史学』第18巻第1号，29-57頁.

由井常彦（1995）「概説　1915-37年」由井常彦・大東英祐編『日本経営史3　大企業時代の到来』岩波新書，1-78頁.

結城武延（2012）「資本市場と企業統治：近代日本の綿紡績企業における成長戦略」『社会経済史学』第79巻第3号，403-420頁.

横山和輝（2005）「1927年昭和金融恐慌下の銀行休業要因」『日本経済研究』第51号，96-116頁.

横山和輝（2021）『日本金融百年史』筑摩書房.

吉田幸司・岡室博之（2016）「戦前期ホワイトカラーの昇進・選抜過程：三菱造船の職員データに基づく実証分析」『経営史学』第50巻第4号，3-26頁.

吉村典久（2007）『日本の企業統治：神話と実態』NTT出版.

和田日出吉（1937）『日産コンツェルン読本（日本コンツェルン全書第4巻）』春秋社.

【英語文献】

Berle, A. A. and G. C. Means（1932）, *The Modern Corporation and Private Property*, Mcmillan（北島忠男訳『近代株式会社と私有財産』文雅堂銀行研究社，1957年）.

Billger, S. M. and K. F. Hallock（2005）, "Mass Layoffs and CEO Turnover," *Industrial Relations*, Vol. 44(3), pp.463-489.

Boon, A. L., L. C. Field, J. M. Karpoff and C. G. Raheja（2007）, "The Determinants of Corporate Boards Size and Composition: An Empirical Analysis," *Journal of Financial Economics*, Vol. 85(1), pp.66-101.

Chandler, A. D.（1969）, *Strategy and Structure: Chapters in the History of the American Industrial Enterprise*, MIT Press（三菱経済研究所訳『経営戦略と組織―米国企業の事業部制成立史』実業之日本社，1984）.

Denis, D. J. and A. Sarin（1999）, "Ownership and Board Structure in Publicly Traded Corporations," *Journal of Financial Economics*, Vol. 52(2), pp.187-223.

Fama, E. F. and M. C. Jensen（1983）"Separation of Ownership and Control," *Journal of Finance*,

Vol. 26(2), pp.301-325.

Fogel, R. (1964), *Railroads and American Economic Growth: Essays in Econometric History*, Johns Hopkins University Press.

Fogel, R. and S. L. Engerman (1974), Time on the Cross: the Economics of American Negro Slavery, Wildwood House（田口芳弘・榊原胖夫・渋谷昭彦訳『苦難のとき：アメリカ・ニグロ奴隷制の経済学』創文社，1981）.

Frankl, J. L. (1999) "An Analysis of Japanese Corporate Structure, 1915-1937," *Journal of Economic History*, Vol.59(4), pp.997-1015. ★

Franks, J., C. Mayer and H. Miyajima (2014) "The Ownership of Japanese Corporation in the 20th century," *Review of Financial Studies*, Vol.27(9), pp.2580-2625.

Fruin, W. M. (1992), *The Japanese Enterprise System: Competitive Strategies and Cooperative Structures*, Clarendon Press.

Hoshi, T. and A. Kashyap (2001), Corporate Financing and Governance in Japan: The Road to the Future, MIT Press（鯉渕賢訳『日本金融システム進化論』日本経済新聞社，2006）.

Jensen, M. C. and K. Murphy (1990) "Performance Pay and Top-Management Incentives," *Journal of Political Economy*, Vol. 98(2), pp.225-264.

Kang, J. K. and A. Shivdasani (1995) "Firm Performance, Corporate Governance, and Top Executive Turnover in Japan", *Journal of Financial Economics*, Vol. 38(1), pp.29-58.

Kaplan, S. N. and B. A. Minton (1994) "Appointments of Outsiders to Japanese Boards", *Journal of Financial Economics*, Vol. 36(2), pp.225-258.

Kawamoto, S. and T. Saito (2012) "Business Integration and Corporate Performance under the Pure Holding Company System in Japan," *Japanese Research in Business History*, 29, pp.55-76.

La Porta, R., F. Lopez-de-Silanes, and A. Shleifer (1999), "Corporate Ownership Around the World," *Journal of Finance*, Vol.54(2), pp.471-517.

Lehn, K., S. Patro and M. Zhao (2009), "Determinants of the Size and Structure of Corporate Boards: 1935-2000," *Financial Management*, Vol. 38(4), pp.747-780.

Li, J. (1994), "Ownership Structure and Boards Composition: A Multi-country Test of Agency Theory Predictions," *Managerial and Decision Economics*, Vol. 15(4), pp.359-368.

Mak, Y. T. and Y. Li (2001), "Determinants of Corporate Ownership and Board Structure: Evidence from Singapore," *Journal of Corporate Finance*, Vol. 7(3), pp.235-256.

Manne, H. G. (1965), "Mergers and the Market for Corporate Control," *Journal of Political Economy*, Vol. 73(2), pp.110-120.

Mayer, C. (2018), *Prosperity*, Oxford University Press（宮島英昭監訳，清水真人・河西卓弥訳『株式会社規範のコペルニクス的転回：脱株主ファーストの生存戦略』東洋経済新報社，2021年）.

McConnell, J. J. and H. Servaes (1990) "Additional Evidence on Equity Ownership and Corporate Value," *Journal of Financial Economics*, Vol. 27(2), pp.595-612.

Miyajima, H. and S. Kawamoto (2009) "The Competitive Capabilities and Cost of Prewar Business Groups," *WIAS Discussion Paper*, No. 2009-006, pp.1-37.

Okazaki, T., M. Sawada and K. Yokoyama (2005) "Measuring the Extent and Implications of Director Interlocking in the Prewar Japanese Banking Industry," *Journal of Economic History*, Vol. 65(4), pp.1082-1115. ★

Shleifer, A. and R. W. Vishny (1986) "Large Shareholders and Corporate Control", *Journal of Political Economy*, Vol. 94(3), pp.461-468.

Suzuki, Y. (1991), *Japanese Management Structures*: 1920-80, Macmillan.

Tirole, J. (2001) "Corporate Governance", *Econometrica*, Vol.69(1), pp.1-35.

Wasserstein, B. (1998), *Big Deal: The Battle for Control of American's Leading Corporations*, Warner Books（山岡洋一訳『ビッグディール（上）』日経 BP 出版センター , 1999年）.

Wooldridge, J. M. (2002), *Econometric Analysis of Cross Section and Panel Data*, MIT Press.

Wooldridge, J.M. (2019), *Introductory Econometrics (7e)*, Cengage.

初出一覧

　本書収録の第5章，第7章，第8章は，下記の記載雑誌に掲載された論文を加筆・修正したものである。それ以外の章は，書き下ろしとなる。

第5章　川本真哉（2009）「20世紀日本における内部昇進型経営者：その概観と登用要因」『企業研究』第15号，5-21頁.

第7章　川本真哉・宮島英昭（2021）「戦前日本における会社支配権市場：ターゲット企業の特徴と事後パフォーマンス」『経営史学』第56巻第1号，3-25頁.

第8章　川本真哉（2022）「20世紀日本企業の資本構成・所有構造・利益処分」『南山経済研究』第37第1号，23-44頁.

索　引

●著者紹介

川本　真哉（かわもと　しんや）

南山大学経済学部教授，京都大学博士（経済学）

1977 年生まれ。京都大学大学院経済学研究科博士後期課程単位取得退学。早稲田大学高等研究所助教，新潟産業大学経済学部専任講師，福井県立大学経済学部准教授，南山大学経済学部准教授を経て，現職。

専攻　コーポレート・ガバナンス論，数量経済史

主要著作　「戦前日本における会社支配権市場：ターゲット企業の特徴と事後パフォーマンス」（宮島英昭との共同執筆，『経営史学』第 56 巻第 1 号，2021 年）；「MBO はパフォーマンスを改善させたのか：株式非公開化に関する実証分析」（『証券経済学会年報』第 55 号，2020 年，令和 2 年度　証券経済学会・優秀論文賞）；『日本の持株会社：解禁 20 年後の景色』（下谷政弘との共編，有斐閣，2020 年，第 15 回 M&A フォーラム賞奨励賞『RECOF 奨励賞』）；"『日本のマネジメント・バイアウト：機能と成果の実証分析』（有斐閣，2021 年，2021 年度日本応用経済学会著作賞）。

データ分析で読み解く
日本のコーポレート・ガバナンス史

2022年10月10日　第 1 版第 1 刷発行

著　者　川　本　真　哉
発行者　山　本　　継
発行所　㈱中　央　経　済　社
発売元　㈱中央経済グループ
　　　　パ ブ リ ッ シ ン グ

〒101-0051　東京都千代田区神田神保町1-31-2
電話　03 (3293) 3371 (編集代表)
　　　03 (3293) 3381 (営業代表)
https://www.chuokeizai.co.jp
印刷／文 唱 堂 印 刷 ㈱
製本／㈲井 上 製 本 所

©2022
Printed in Japan

＊頁の「欠落」や「順序違い」などがありましたらお取り替えいたしますので発売元までご送付ください。(送料小社負担)
ISBN978-4-502-43821-9 C3034